雨窗书话

朱航满 著

南京大学出版社

目录

辑一　记事珠

庚子买书记	003
琉璃厂书事	010
前门买书记	017
邂逅一家旧书店	024
午间淘书漫笔	030
寻书的乐趣	036
成府路半日记	042
京华三日书事	052
北京书店杂忆	061
少时读书忆往	070

辑二　掌故谈

施蛰存寻书一瞥	085
台静农的文章与酒	092
钱锺书翻译举隅	099
杨绛的"隐身衣"	106
"下种子一样"	115
吴宓的书事	122
《留梦集》琐谈	132
来燕榭二题	141
《全集》之外的汪曾祺	148
"宁静极了,干净极了,美丽极了"	158
书斋清芬	162

辑三　品藻录

空山春雨丰子恺	171
黄裳晚年散文一瞥	177
郁郁乎文哉	189

醰醰多古情 195
"春初新韭，秋末晚菘" 202
念楼文集品藻 211
"古拙而有风致" 222
作为文章家的学人 230
"若饮醇醪" 239
止庵文集识小 246

后　记 255

辑一 | 记事珠

庚子买书记

庚子年,因为新冠疫情,出门甚少,书店一年中也只是去过一两次,感谢网络发达,足不出户,也可以买到自己想买的书。想到十七年前,我刚上班不久,因 SARS 肆虐,几乎有半年没有离开单位,书自然一本也没买到。疫情解除之日,第一时间就去书店,今天想来,真有些恍然如梦。如今买书,朋友圈推荐成了主要来源,网购则是买书的主要渠道。诸如钱锺书的相关著述,今年出版的几册,第一时间都买到了。人民文学出版社出版的《钱锺书选唐诗》,从周绚隆先生发布的微信朋友圈得知,布衣书局发售的 200 册毛边本,我略略犹豫,就全部定出了。胡同兄是人文好书的第一发售者,王水照的《钱锺书的学术人生》、汪荣祖的《槐聚心史》,布衣都有毛边本;范旭仑的《钱锺书的性格》是上海周立民先生策划的,我也是在朋友圈看到他的推荐,立即购下了这个红色小册子;钱之俊兄的《晚年钱锺书》,因好友董宁文的鼎力推荐,自然支持。后来在微信公众号上读《钱锺书年表详编》,发现钱锺书为师友题签的著作书目七十余种,于是逐一索迹搜购,想着待收集齐全,编一册《钱锺书先生题签集》,亦是很有趣的事。

钱锺书的书籍资料,以上几种之外,亦另有特别收获。年初,读厦门大学谢泳教授所赠一册《钱锺书交游考》,其中一篇《李慎之编〈钱锺书先生翻译举隅〉》,引起我的兴趣。谢泳介绍了他收藏的一册由李慎之编选的《钱锺书先生翻译举隅》,系从钱锺书的学术著作《谈艺录》和《管锥编》中摘录英文及中文翻译所得。李慎之所编此集,乃是油印资料,未曾公开出版,故而存世应不多。我在孔网求购,仅有一册待售,价格甚昂。后来购得辽宁教育出版社出版的一册《万象译事》,其中收录《谈艺录》中的英文译文,《万象译事》应是计划陆续刊登的,但可惜后来未曾继续。网上亦有《管锥编》的译文,仅有82例,显然所录甚少。由此,我时常去孔网搜寻,大约十月份左右,看到北京一家旧书店有售,且售价合理,又得店主优惠,于是立即下单。待此资料集送来,发现乃是一个大册子,16开本油印,与我想象的书的模样,完全不一致。这册《钱锺书先生翻译举隅》,共81页,单面油印,分五个部分,译文涉及《谈艺录》78例,《管锥编》第一册53例,第二册77例,第三册159例,第四册103例,总计

470例。

谢泳在学术研究上,常能关注一些他人不及的资料,并由此别开新面。关于钱锺书的资料,除了这册油印的《钱锺书先生翻译举隅》之外,我亦购得一册《钱默存先生诗册》。这亦不算正规的出版物,乃是已逝的科学史翻译家革戈教授自存的钱锺书墨迹。革戈去世后,这册珍藏的《钱默存先生诗册》流入拍卖行,后被拍卖行制作成册。无缘购得墨迹者,得此册子,亦是幸事。近年来,拍卖行上的一些展品册子,对于研究界也如考古现场的发掘一样令人惊叹。我认识的一位朋友,常常浏览拍卖行和网店上拍的手稿及信件,写了不少关于"集外文"的考释,也是剑走偏锋的研究路子。这册《钱默存先生诗册》其实是一个册页,据图册介绍,每幅高33.5厘米,宽22.5厘米,录钱锺书早年自作诗50首,并附题识一叶,共计29页。为革戈所写《题识》,计124字,系钱锺书的一篇集外文。钱在题识中称赞革戈为"贤友""学人"和"才士",并赞革戈治印"雄劲"。革戈曾为钱锺书治印三枚,被钱赞为"物好而多,真如贫儿暴富矣"。此册后又附革戈跋文,亦述因缘。革戈在册页封面题签,并署"丙寅小满前四日",查系1986年5月17日。

钱锺书的这两份资料,算是庚子年买书的一件可记之事。另一可记之事,应是年初读扬之水藏谷林信札集《爱书来》,颇有感触。其中一封谷林写给扬之水的信,有如下内容:"《古今》遭一再退回,日前又捡出《艺文杂志》一种,已函乞止庵收去。承其复允,如日内莅临,拟恳并携《古今》代为纳上,因敝箧留置,实同赘弃,一无用处也。"这里提到的《古今》杂志,乃是民国的一册文史散文名刊,存世很少,但谷林藏有,堪为奇事。后来翻读扬之水的《读书十年》,1992年的日记亦有记录:"为谷林先生送稿费。问及周越然,他道:'我有他的书呀!'取出一看,正是百索不得的《六十回忆》。更有喜出望外者,——先生继云:'《古今》杂志我也是有的呀!'稍稍思索,从书柜下端检出,正是全套《古今》。简直忍不住要欢呼'万岁'了。他说:'我那时就是喜欢买这些稀奇古怪的书。《古今》,倒是很花了一些钱的。'当下将两种书慨然允借,欢喜持归。"谷林乃是从事会计工作的文史爱好者,却藏有民国的《古今》杂志,而且是全套,不能不说是奇事。从这里看出,谷林赠此给扬之水,后者应是觉得太过珍贵,才数次退回。

《古今》杂志我早有所闻,因系民国稀见短刊,自然无力购存。读到这段书林佳话,想起某次到画家许昉溪的留云书房,看到一套影印的《古今》杂志,当时便在书房浏览多时,并将其中一些感兴趣的内容进行了拍照。今读谷林书信,便被这一佳话所触动,又甚感谷林的读书趣味,很有可能就是他早年购读《古今》之类文史小品杂志所培养。诸如为这份杂志撰稿的周作人、徐一世、周越然、黄裳、谢兴尧、周黎庵、金性尧等，都是他常津津乐道的。后来，在孔夫子网上闲览，看到扬州广陵书社2009年9月影印的《古今》杂志。由此亦想，若早有此影印本，扬之水便也不会作难，而以收藏民国刊物的书友，也不必在书店冷摊上下求索了。于是下定决心，终于购得了一套影印的《古今》。待书送来，迫不及待地打开，翻读，却是很有些失望。失望之一，乃是影印的质量实在难以恭维，有些图片，真是模糊不清；失望之二，是难见杂志容貌，封面黑白影印，封底多又略去不印；失望之三，有好几篇文章都删除了。这套影印的《古今》，实在是聊胜于无的。网上购书，有时候也别期待太高。由此想想，还是一本一本淘来的旧杂志最珍贵。

庚子疫情期间，尤其是上半年严重之时，难得有所闲暇，便将之前收藏的黄裳各类文集都翻了一遍，并写了篇《黄裳文集品藻漫笔》。这几年努力将黄裳的各种著述搜购了一番，后来看山东凌济编选的《黄裳先生著作书目》，一一对照，应是基本齐全了。但也有几册著作，写作此文时，并未搜购。诸如百花文艺出版社的《河里子集》、山东齐鲁出版社的《前尘梦影新录》，都是初版印刷一千册，因为稀少，售价均相对较高。《河里子集》我本有香港博益出版公司

1986年初版的一册集子,但后来下定决心,购得了百花文艺版,才发现这两个版本的内容,可以说是很不同的。这使我由此得出一个小心得,写文章,若资料未见真容,是不可轻率下结论的。再如,黄裳的名作《珠还记幸》,我有他在三联的初版,便未曾购得再版本。后来读布衣书局印制的一册《黄裳纪念集》,其中有位书友写文章,说他很喜欢黄裳的著作,想投书而无联系方式,于是请教一位与黄裳有所交往的朋友。这位朋友也是有趣,他没有给地址,倒是批评这位书友读书不细心,因为新版的《珠还记幸》,便有黄裳家的地址,几十年都未曾变过。

待我也购得三联书店的新版《珠还记幸》,不但为这本增订版制作之大方精美而赞叹,相比初版本,新版本彩色印制了黄裳收藏的文人墨迹,真可谓是美不胜收;而且,也正如那位书友所言,在此书的第333页,确有一张插图,系钱锺书写给黄裳的一封信,信封上的地址清清楚楚。其实,黄裳去世前,我也有寄他书信求教的冲动,但终于按捺住了。想来我若早有此书,说不定看了这个地址,也会写上一封表达倾慕的书信。将黄裳著述的各类版本尽可能地补充齐全,这是今年买书的又一可记之处。诸如大象出版社有一册《黄裳自述》,因系一册散文选本,之前未太关注,网上有书友对此书的评价也不太高。但当我买到此书,却不这样认为，因为书中有不少黄裳的照片，其中黄裳与夫人小燕的留影最多。说起黄裳的照片，我在四川成都的毛边书局购得上海巴金故居印制的一册内刊——《点滴》2012年第4期，此期为"黄裳先生纪念专号"，据说仅印300册。《点滴》纪念专号上的资料和文章均可读，但我更关注巴金故居藏黄裳赠书的几张书影，这些虽都是资料的"点滴"，但亦是很有价值的。

2020年12月4日

琉璃厂书事

朋友在琉璃厂办画展,自当去捧场。年初新冠疫情以来,蛰伏已久,正好出门走走。画展参观之后,便到旁边的中国书店去看书。按照要求,先须用手机上网证明个人健康情况,然后,又是登记,又是消毒,才终于可以到书店里了。特殊时期,琉璃厂街道的游客三三两两,而书店里的读者,真是比店员还要少。记得上次来琉璃厂,西街的入口处,是中国书店的古籍书店,装修甚为古雅,而此次来,竟变成了人民美术出版社的"朝花书画社"了。在中国书店来薰阁,问一位店员,她笑着回答,那是多少年的事情了。仿佛我这问题,似在说前朝旧事呢。想想上次来琉璃厂,也是三年多前的事情了。如今,古籍书店已经与来薰阁合成一处。在来薰阁的一楼看了看,多为传统书画类著述,这些我是行外人,但也觉得与琉璃厂时下的气息一致。问店员有无旧书可看,答在二楼。于是上楼,果然发现旧书不少,准确地说,应该是古书不少。这些线装的古书,都被妥帖地放在玻璃柜中,或者读者并不方便拿到的书架上。作为古籍珍本,这些书也都专门写有价条,我扫了一眼定价,多在万元左右,想来都是为藏书家们准备的。

在书店的一个角落里,终于发现有两三架的旧书,大约都是20世纪八九十年代出版的文史著作,这些很对我的胃口,于是放慢了脚步,一行行地在书架上扫视。很快,便在书架上看到中国文联出版社1992年影印出版的一套"中国现代散文名家名作原版库",收录现代作家的散文名作三十册,其中竟然影印有周作人的散文集《雨天的书》,还有张爱玲的散文集《流言》,这多少令我有些惊讶。我关注周氏的各种版本,这个影印的版本,之前还真没有听过。逛旧书店就是有这样一个好处,你可以无意间发现之前不曾知晓的著作。人民文学出版社之前曾出版一套"新文学碑林"丛书,上海书店也曾影印一套"中国现代文学史参考资料"丛书,均颇有影响。这套"散文名家名作原版库",还是头一次看到。此套"原版库"三十册,装于一个函套之中,相比于古籍珍本,制作还是有些简陋。我从函套中抽出其中的一本文集,翻开来,竟有一个很意外的发现,原来这套书的策划和主编,是我在鲁迅文学院读书时的老师王彬先生。

寻书有时候就像考古,到不到现场,有没有见到实物,还真有不同的体会。我将这套"中国现代散文名家名作原版库"中的散文集拿在手中,才多少有些特别的感触。其实,我们熟知的一些现代文坛的名家名作,多是一些小薄册子,有些文集,其实也不过四五万字的样子,完全不像现在作家的著作,少则十余万字,多则几十万字。琉璃厂的这一书缘令我欣喜,我把自己在书店里的这个意外发现,用手机发信息,告诉了王彬老师。他问我看到的是小说、散文,还是诗歌,由此才知道,除了这个散文"原版库",还有小说和诗歌两套丛书。我乘机向王老师请教,当时何以要主编这样一套特别版本的丛书,他很快答复我,他以为认识现代文学,还是要原汁原味地来读这些现代文学的作品的,而有些名家作品,因为形势,几乎都进行过修改。我又问王老师,这套丛书编选的标准,他答为"名家名作",又补充道,"读得多了,便有了自己的评判标准"。我向他感慨,现代作家的不少名作,至今读来,依然有味,很多经住了时间的检验。王老师同意我的看法,他说当下不少名家之作,就像北冰洋汽水,味道很甜,气也很冲,最后却什么也没有。

此次来琉璃厂,能得这样一番教益,真是个意外收获。那日下午,在来薰阁的旧书架上,我还意外发现了两本很感兴趣的著作。一册为岳麓书社1989年出版的周作人散文集《瓜豆集》,另一册则为花山文艺出版社2002年出版的叶圣陶、俞平伯通信集《暮年上娱》。这两本我感兴趣的旧书，虽然未在一起存放，但拿在手中，却发现它们有一个共同的地方，便是两本书的扉页上，均盖有一枚很特别的藏书印："鉴斋藏珍"。想来应是一位学者或爱书人的书，被处理到了中国书店。这位"鉴斋"主人，何许人也，我未曾听闻，立即求助于度娘，似也无什么确凿答案。倒是这两册书的品相极好，尤其是《瓜豆集》，虽已有三十年之久，但依然触手如新，可见藏者之爱护。两册书售价均略高，《瓜豆集》为90元，《暮年上娱》为100元。《瓜豆集》目前已经有诸多其他版本，但当年钟叔河主持出版的这套知堂自编文集，依然值得收藏。记得我二十年前在南京读大学时，课余研读鲁迅的著作，也读了点周作人。有次在南京大学南门前的一个小书摊上，看到过岳麓初版的《苦竹杂记》，在诸多书籍中显得分外古朴和清雅，立即吸引了我的注意。

岳麓初版的这册《瓜豆集》，以1937年上海《宇宙风》社版为底本，由钟叔河校订后推出。此书应系岳麓版周作人自编集系列的最后一册，仅印刷1900册，相比最初岳麓印刷的《雨天的书》和《自己的园地》，可以说是少之又少了。钟叔河主编此套自编集，虽然未能如愿完成，但意义自是不可估量。由此之后，周作人这个现代文坛上的争议人物，经历近半个世纪的隐没，终于不必遮遮掩掩了。钟叔河无疑打破这个出版禁忌。钟先生编选这套自编集,区别于后来的一些文集,一是注明了校订之处,二是附有索引。这虽是两个小细节,但可见出版者的用心。注明校订,可以令读者清晰地知道哪些地方编辑进行了改动,原版又是怎样的面目;而索引对于研究者来说,则是一件善举了,这项工作,在后来出版的周氏文集中均未能实行。周作人是一位书斋型作家,正因他的文章中人名、书名太多,有一个索引,则对于读他的书有很大的方便。诸如这册《瓜豆集》,可以由索引,清晰地知晓周作人读过那些书,关注过哪些人。我粗略统计,仅此书便涉及中外著述三百九十余种,仿佛领略了苦雨斋的书架一角了。

花山文艺出版社的这册《暮年上娱》,品相略差一些,但整体上保存完好。这册书我曾在一位画家朋友的书房里看到过,借来用一周时间翻阅过,乃是很喜欢的一册著作。这次在中国书店碰到了,虽然售价略高于网上书店,但还是要珍惜眼下的这份书缘的。叶圣陶和俞平伯先生的这册通信集,颇有一种静水深流的感觉。当下再难得这样蕴藉的书信了,虽然也偶有老派的书信文字,但通信双方学识和文字亦能处在同一水准者,却是很少见了。此书的封面设计,堪称高雅。封面底图用叶圣陶和俞平伯的书信文稿,也都是很古雅的小楷字,令人悦目。封面下方有一对老翁,相对而坐,上题"如面谈"三字,与陶俞两位老人的通信风格,可谓极契合,乃是负暄琐话的亲切。其实这幅"如面谈",乃是俞平伯的曾祖父俞樾的自用信笺。虽然俞平伯是周作人的弟子,但后者对于俞樾则是非常敬佩,曾多次作文介绍《春在堂随笔》。俞平伯也曾赠给周氏一些"如面谈"笺纸。我曾在一个展览上看到周作人写给龙榆生的信,信笺便是用的这个"如面谈"。

从琉璃厂归来,我将《瓜豆集》和《暮年上娱》重温一遍。由此还有一个小发现,便是在《瓜豆集》中还有一张特别的购书票,这张发票系上海古籍书店的专用税票,显示此书售出的时间为 1991 年 10 月 4 日,售价 2.5 元,为此书的定价。由这张上海古籍书店的购书小票,我对这个名为"鉴斋"的主人又引发了兴趣,想来一定是位有眼光的爱书人。然而网上亦未见有"鉴斋"的介绍,搜寻记忆,也未曾有这样名号的学者。后经多番尝试搜寻,偶然在上海博古斋的拍卖记录中,发现有"鉴斋旧藏"的拍卖,其中包括"近代著述一组""古代集部著作一组""艺术著述一组"等,这些拍卖的图书多系现代文史和艺术类著述,品位均是很不俗。更令我意外的是,在"近代著述一组"中,有一册华东师范大学 1962 年 12 月出版的《文艺鉴赏论集》,其扉页上便有与我购得藏书一样的"鉴斋藏珍"印章。有趣的是,这个藏书印旁边,还有一个藏者的毛笔字签名和印章,签名为上海散文家余秋雨,印章则为"秋雨藏书之印"。联系那张古籍书店的小发票,我不由得遐想起来,难道在琉璃厂偶得的旧书,竟还是余先生的旧藏?

2020 年 7 月 25 日

前门买书记

同事C君是位医学博士,却是极爱书的。偶然与C君熟悉后,有次我在微信上晒了一册新买的《周作人散文全集》,他立即留言,问我是不是钟叔河先生编辑的。C君这个不经意的回复,令我大为惊喜。因为在身边,竟然有位趣味相投者,岂不是快事。更令我对他刮目相看的,乃是有次我们一起坐车,他告知我刚刚在孔夫子网上订购了岳麓书社影印的《观察》和《独立评论》,并向我感慨,这些民国杂志合订影印本,他已经关注甚久了,恰好有家网上书店打折出售,符合他的心理价位,故而立即拿下了。C君的高趣和豪举,真有几分世说人物的雅人深致。他是医学博士,每天钻研SCI医学论文,却也钟情于人文书籍,没有任何功利目的,纯粹是兴趣和热爱。这是令我油然敬佩的地方。C君由此成为我在单位清谈与结伴买书的伙伴。我们一致称赞的书店,是成府路的万圣书园,因为在万圣,烂书很少,可以节约挑书的时间,而且还有很多人文社科的冷门书。C君说他偶然发现前门的 PAGE ONE 书店值得一去。不久前,他在那里买了不少外国原版画册,非常精美。PAGE ONE 我早听说过,以为不过是网红的时尚书店,所以一直没有造访,经他这么一鼓动,立即有了前去的想法,于是相约择日而去。

元旦下午,我们约定一起去 PAGE ONE。那天中午,我恰好饮了点酒,有些微醉。故而跟着 C 君昏昏沉沉地在前门附近的胡同和老街上转悠,之前我在网上查阅这附近还有一家网红书店,叫模范书局,在杨梅竹斜街。C 君说那就先去杨梅竹斜街吧,但到了哪里,这家书店却没有开张,很是遗憾。不过,模范书局距离 PAGE ONE 倒是不远,很快就到了。走到书店一楼,果然很气派,新书展台一个接一个,四周的书架大约有四五米高,令人有一种如入宝山的感觉。一楼是文学和新书展台,其特色是有不少英文原版小说,有些精装的小说十分漂亮,C 君拿到一册英文书,是普鲁斯特的《追忆似水年华》。在新书展台上,他又推荐我一册由"理想国"出版的《史记的读法》,是台湾杨照的作品,之前他曾在万圣买到过一册。在新书展台上,还看到两册感兴趣的书,都是旧书再版,一册是黄仁宇的《万历十五年》,红色布面精装,廖沫沙题签,书中有插图和照片多幅,制作甚用心;另一册是刘文飞翻译的德·斯·米尔斯基《俄国文学史》,也是精装本,像一本庄重的辞典。浙江大学江弱水教授评价《俄国文学史》为文采、学问、史识俱佳的伟大文学史,印象极深。C君感慨,在PAGE ONE,感觉中国书的出版和印制已不输东瀛欧美了。

　　随后我们去了中国文学书架。在现当代文学书架上,鲁迅、沈从文、张爱玲、钱锺书、杨绛、孙犁、汪曾祺等经典作家的书最为醒目,基本上每位都有不少的版本,其中汪曾祺的著作版本最多。汪曾祺的各种著作,近年来已成为一种出版的时尚,这大约与汪曾祺的散淡有关,颇有些当代苏东坡的意味;汪曾祺的文字甚佳,所谈的东西也不那么曲曲折折,颇为符合现代人的阅读心态。汪曾祺的著作,全集我有北师版和人文版两套。后来又有李建新兄赠送的十卷本"汪曾祺集",梁由之兄赠送的"汪曾祺文存"和"汪曾祺作品系列",均有可观之处。我又一时兴起,在孔夫子网上,将汪曾祺1949年之后的所有在世时的著作初版本全部购下,其中最喜欢的,是作家社初版的《蒲桥集》。其他汪曾祺的各类选集,也买过一些。由此暗暗下定决心,汪曾祺的书,以后再也不买了。但这次在书架上,看到一册人民文学出版社出版的《汪曾祺回忆录》,精装,甚厚,649页,内容则实系汪曾祺具有自述性质的散文选集。这本书令我喜爱,倒不是书的编法,而是版式简洁朗然,如纸上读山水,颇得文章妙趣。我向 C 君感慨,国内现在不少出版者,对书的封面已甚用心,但版式多不如意,令人毫无阅读之趣。

PAGE ONE 的二楼,是网友热衷拍照之处。书店北侧为落地玻璃大窗,透过明亮的窗户,可以看到耸立的箭楼,以及它身后的正阳门,也依稀可以看到天安门广场,乃至金碧辉煌的故宫。这真是一个欣赏风景的好地方。不少年轻的读者在这里留影。我也从这个角度,好好欣赏了一番这座美丽大方的箭楼。由此,想起黄裳曾有一篇散文名篇《前门箭楼的燕子》,文中称赞这座箭楼,"它是那么端凝,却又那么轻盈;那么沉着,却又那么飞动;那么拙重,却又那么飘举;那么威武,却又那么秀丽"。黄裳此文作于 1980 年,正是心情大好之时。我连连赞叹这难得的风景。我们若得半日之闲,翻读一本好书,品一杯清茶,再领略一下窗外的风景,真是如知堂所言,可抵十年尘梦了。C 君感慨,这家书店与前门箭楼一箭之远,也只有在北京,才可以让一家书店在最繁华的中心地带存活下来。书店二楼以生活和儿童两类书为主,只是匆匆浏览一过,但外文版的儿童绘本令人惊艳。在二楼新书展台处,看到一册舒国治的散文集《穷中谈吃》,于是推荐给了 C 君。三楼是美术画册和人文社科书,C 君对外文版的画册最感兴趣,但定价都是不菲。他领我向里间走去,那里是人文社科图书,曲曲折折的书架,颇有种曲径通幽的感觉。

在三楼的一个书架上,从上到下,只有两套丛书,一套是商务印书馆的"中华现代学术名著丛书",另一套是中国人民大学出版社"中国近代思想家文库",十分壮观。这种装帧、校订和版式皆佳的学术经典丛书,对于青年读者是十分必要的。中华的学术名著丛书,我曾陆续购过十余种,这次看到新出的吴宓《世界文学史大纲》,立即拿到手中。吴宓此书与其他学术经典不同,之前从未出版过,乃是由保存的一份油印资料整理而成,而吴宓又与我同乡,一直关注,每见新书则必买下。在我看来,吴宓是一位被低估的学人,近些年来虽然有些研究,但被误读的地方不少。吴宓生前著述不多,他有很多写作计划,但多未能如愿,《世界文学史大纲》便是其中之一。此书中所收,乃是吴宓在西南联大外文系的英文授课提纲 History of Literature of the World,另有《西洋文学精要书目》《西洋文学入门必读书目》和《希腊文学史》《希腊罗马之文化与中国》等已刊篇目,足可见出吴宓的学术抱负。吴宓一生追求"博雅"与"会通"的人文理想,他的著述并不算多,但无论是发表的文章,还是后来整理的日记、书信、讲义,都是极为凝练、典雅和畅通的,读来令人有着十分美妙的享受,真如步入花木繁盛的园林佳境。

在出版和书话类的书架上,看到一册三联书店出版的

《书舶录》，副题为"日本访书诗记"。此书早在网上看到，但一直没有购下，因为买过一册中华书局出版的《日本古书店风景》，虽然话题很感兴趣，但总觉得有些清浅，文字也略有造作，故而这类主题书最怕扎堆和凑热闹。这次看到，翻读了几篇，原来作者系古典文献博士，也是北京师范大学的副教授，记录其在日本访学期间购书的故事。李小龙博士很喜欢杨守敬的《日本访书志》和叶昌炽的《藏书纪事诗》，故仿其例而成，每篇访书记前都写了首七言诗，这是需要古典诗词创作功力的，但也容易流于形式。在书店读了几篇，感觉李小龙功力深厚，对于书的痴爱也是令人感动的，虽然文章写得中规中矩，倒也是扎实。李博士主要收集日本印制的汉学古籍，称之为和本，此类书国内学人较少关注，但价格亦不菲，故而时有囊中羞涩之叹，读后颇觉一些书生的可爱。在旁边的一个关于北京风俗的书架上，看到一册赵珩的《故人故事》，封面由美术史家刘涛题写，非常清雅和庄重。此书设计极简洁，书名粘贴在书封上，颇有仿古意味。这本书之前在网上订购，无奈已脱销。赵珩的文集我基本上都收集了，老先生是老派文人，底蕴深厚，文章多是忆旧闲话，很有些"负暄琐话"的感觉。

天色渐晚。返回一楼，C君已经选购了不少，多是域外精装画册，大而厚而美，其中有册 *Greece in the Ancient*

World，是介绍古希腊艺术的。我去文学书架拿那册之前选定的《汪曾祺回忆录》，忽然看见有一排舒国治的小精装，于是又推荐给 C 君。他将一册《流浪集》的样书拿在手中翻看了一小会儿，称赞文字古雅，我说其人还散淡，他便选购了《理想的下午》和《流浪集》两种。《流浪集》只有一册样书，无复本出售，他还是选了样书。PAGE ONE 的样书也很特别，用一种硬塑料对封面进行包装，既是装饰，又是保护。爱书人买书，大都有一种洁癖，但凡拆封的书，一般是不买的，PAGE ONE 这种做法，令我欣赏。临毕，发现书架的角落里有一册精装《周作人俞平伯往来通信集》。这册书的平装本我在网上购买过一册，但尚不知还出版过精装本，看编者孙玉蓉的修订版后记，才知道平装初版还出过两个版本，分别是红蓝书脊和不同材质的，之前我在网店所购是蓝色书脊本。看来只有亲自到书店，才会多一些意外收获。PAGE ONE 亦有不如万圣之处，人文新书种类不够丰富是其中一点。本想找一册新出的《北平学人访问记》，此书系商务印书馆"碎金文丛"一种，应不算太小众，但店员查后，告知没有。不过，在 PAGE ONE，买书的体验是好的。新年第一天，我享受了一个"理想的下午"。

2021 年 1 月 3 日

邂逅一家旧书店

正月初二,去黄寺访友。在地安门转车,恰好遇见中国书店燕翅楼店。想到几年前,携妻儿到北海公园游玩,也是偶到此处,便进店看了看。记得在一楼的旧书展台上买了一册王朝闻的美学论文集《再再探索》,那本书系知识出版社1983年3月出版,40元购得。我随后将此书的照片发到了微信朋友圈,一位在北京出版社任职的编辑朋友看到了,说他前些日子也到此店,但稍有迟疑,没有买,今见我购得,又感到有些遗憾。北京大学中文系的李浴洋兄看到此书,也很感兴趣,留言说:"朝闻道,夕死可矣。很有寄托的典故。"此乃是李兄对王朝闻先生的名字所触发的思绪。书中有王先生的文章《没有完成的学业》,便是回顾自己的生平与艺术经历,其中特别强调他的姓名为王朝(zhao)闻,而不是王朝(chao)闻。我偶得此书,引起几位爱书人的点赞,一时心情甚佳。王朝闻此书装帧典雅,堪为艺术品,其封面设计为大名鼎鼎的曹辛之,题签则为书法家费新我。有时候,我们在一家书店购得一册好书,便会对这家书店也留下很好的印象。

后来我才知道,那年到燕翅楼,系这家中国书店刚刚营业,一晃,快五年过去了。地安门附近,古迹甚多,游客亦多,诸如我这样邂逅旧书店的事情,应是不少。燕翅楼一层的旧书展台已经没有了,问了店员,说二楼是专卖旧书的地方。我见楼梯处有一个禁止通行的标志,或许店员看我还像个读书人,便说可以上楼,令我心头一热。在楼梯处,发现墙壁上有几个镜框,其中镶嵌着旧刻本的散叶,颇有古雅之气。我一一浏览,其中有《池北偶谈·卷五》铅印、《说文解字》木刻、《元史译文证补》木刻、《虞恭公碑》民国石印、《字汇》木刻、《地理五诀·卷一》石印、《诗经琅嬛》图木刻、《四言杂字》图木刻、《礼记 周易》木刻、《小雅》木刻、《简明算法指掌》石印、《周易》武英殿仿宋本影印、《秋水轩句解尺牍》石印等多种,均各有可观之处。我等无资收藏旧籍,这样的散叶购得一张,置于家中,亦是颇得书卷气也。由此想到曾读黄裳纪念老友辛笛的文章,谈到他某次访辛笛,在其书房,见壁上有一张宋版书的散叶,顿感满室缥缃。

上了二楼,旧书有三四架,并有两个旧书的展台,还有几个装有古籍的玻璃柜子,也未标这些古籍的书价。二楼仅我和店员二人,我便感叹现在书店旧书少,这位店员言语不多,但还是答复了我,她说开旧书店是需要有一些积累的,言下之意,中国书店是有这样的实力的。在几个旧书架上看看,感兴趣的并不多,有几本文人集子,很喜欢,却已经买过了。快速浏览了一遍,没有发现要买的书,有些不甘心,又细细浏览一遍,发现一册上海古籍出版社1980年9月版的《阅微草堂笔记》,32开本,封面极简洁,连出版社和作者名都省略了。书页封面上的书名用书法题签,笔力劲健,姿态洒脱,不知何人手笔,封面底图为浓密的绿叶,颇有些幽深的气息,与纪昀这本书谈狐说鬼的内容甚是契合。记得二十年前,我曾购得一册普及本,粗粗读过,对于此书的教化之气颇不欣赏。但纪昀文笔甚佳,我很喜欢。夏日午后来读此书,若有阴阴凉风,最为适宜。翻看此书封底,见标价20元,觉得售价甚是合适,也就拿在了手中。

在另一个旧书架上,发现一册《京华古迹寻踪》,看书后标价,仅10元。此书1996年6月由燕山出版社出版,系"北京旧闻丛书"之一种。目录中谈及北京古迹的文章,多为名家所写,如邓云乡的《圆明园"五春"》、萧乾的《九天宫和东岳庙》、许姬传的《梅兰芳在北京的住宅》、罗哲文的《北京的牌楼》、刘心武的《隆福寺的回忆》、朱家溍的《什刹海梦忆录》、张中行的《农事试验场》、林斤澜的《北京的树》等,可见所收文章,既有史料价值,亦有文人之味。令我感兴趣的是,因为刚选了一册纪晓岚的《阅微草堂笔记》,发现其中竟然还收录一篇王敏之的《纪昀与阅微草堂》,亦是一种书缘。略翻"出版说明",原来此书系已停刊的《燕都》杂志文章精选之一种。《燕都》杂志过去不太了解,有次北京青年报社举办赵珩谈旧京风俗的讲座,我去聆听,才得知赵先生编辑过这样一本关于北京历史文化和人文掌故的刊物,可惜早已停刊。

二楼的旧书虽不多,但布置的简洁而雅致,很像一位老学者的书房。下了楼,又在一楼新书书架上浏览一番。现在中国书店也主要卖新书,或许是与网上旧书店兴盛有关,旧书资源已被瓜分了。文学新书架上,有一册人文社2020年10月新出的《缘缘堂随笔(足本)》。我其实已有丰子恺的多种著作,包括海豚出版社的《丰子恺全集》、浙江文艺出版社的《缘缘堂随笔集》以及人民文学出版社"新文学碑林"丛书中的《缘缘堂随笔》等,但这本书印制实在漂亮,封面用了丰子恺的一叶漫画,令人赏心悦目。出版社以"足本"作为卖点,乃是集合了丰子恺所写的散文集《缘缘堂随笔》《缘缘堂再笔》《缘缘堂新笔》和《缘缘堂续笔》。此书的好处是,可以纵览丰子恺的"缘缘堂"系列散文,但后来想想,以"缘缘堂随笔(足本)"来命名,似乎又不是很合适。1931年开明出版社出版的《缘缘堂随笔》,已经是丰子恺的代表作了,把"缘缘堂"系列散文与《缘缘堂随笔》混为一谈,容易在研究中产生歧义。倒是丰一吟编选的《缘缘堂随笔集》,还算妥当。

在书店选了两册旧书和一册新书,在楼梯处又选了一叶《池北偶谈》,后者售价150元。我对文人笔记最感兴趣,此一叶印制甚精,版式亦佳,颇得古籍之味。后来在网上看了看,原来这些零散旧籍,乃系中国书店的文化创意产品,是对中国书店整理旧籍中的残书的一种特别处理。这些旧籍残书的叶子,被命名为"片羽存真——一叶知古系列",所选残书均为《四库全书》所选书,售价在150元到260元不等,读者可以接受,书店也有收益。在收款台,问店员是否打折,告知新书打8折,旧书按标价,文创产品按原价。还是那位女店员,也下了楼,立即过来,告诉我,可以通过文惠卡来优惠,又教我享受优惠券的办法。原来北京市为了鼓励市民参与文化活动,推出了优惠券,我之前略有耳闻,但从未用过。选了一种消费满250元可以减免50元的优惠券,发现消费金额不足,便又在旁边的特价书架上选了一册沈从文的《古人的文化》,此系中华书局"典雅文丛"之一种,半价销售。如此一来,竟又多买了一册书。

半个多月后,因为需补拍几张书店照片,利用午休之际,又去了一趟中国书店燕翅楼店。这次去书店,发现原本一楼的特价书展台,变成了一个旧杂志展台,多为20世纪八九十年代的文学杂志,其中有一叠我很感兴趣的《新文学史料》杂志。还是上次那位女店员,带我上了二楼,因为午休期间二楼是不开放的。拍了几张照片后,我在一楼的杂志展台上选了三册《新文学史料》,分别是1979年5月(总第3辑)、1881年第3期和1986年第2期。早年间的《新文学史料》,多有新文学前辈亲身经历的回忆文章,故而尤为珍贵。这些《新文学史料》杂志,不知为哪位读书人的旧物。1986年第2期的杂志中,夹有邮票20余张,包括1964年"殷代铜器"特种邮票8枚、1965年"纪念抗战胜利二十周年1945—1965"(4—3)1枚、1965年第二届全运会的10分纪念邮票(10—6)1枚、1959年剪纸"骆驼"8分邮票(4—1)1枚、1982年"西周青铜器"特种邮票8枚,还有一个1959年的苏联邮票六联张,似乎是纪念卫星发射的特种邮票。询问店员,旧杂志5元一册,10元三册。那枚剪纸骆驼邮票,实在小巧可爱,我很喜欢。

2021年3月10日

午间淘书漫笔

前段时间,我去拜访一位研究《孙子兵法》的 L 先生,他家中的客厅,放置着一大排顶天立地的书柜,很是壮观。L 的藏书以古典文学、宗教和各类辞典为主,有很多我不曾见识的好书,真是很开眼界。之前只知道 L 爱看书,不想他也有藏书的雅好,聊起买书和藏书的往事,他说在大学读书时,常去琉璃厂的旧书店,后来工作了,琉璃厂去得少了,但单位附近的一些书店,也是抽空会去看看的,一来二去,家里的书架便放不下了。说到这里,他忽然一顿,说阜成门外有一家书店,品位很不错,价格也低廉,还能时而选到一些意想不到的好书。前段时间,他在午休的时候,到这家书店看看,得到了一册好书。他随即从书架上拿出在这家书店淘到的一册,名为《辅仁师法》,乃是民国时期辅仁大学的讲义,由当时在辅仁大学读书的学生所作笔记整理而成,很有史料价值。L 感慨这本书不但少见,价也极廉,每册只售十元。当时书店有五册,他很意外还有这样特别的书,立即选了两册,一册自留,另一册则送给了一位读文学博士的小友。

我按照L所说的地址,在网上搜索了一番,很快得知,这家名叫纸上声音的书店,竟然距离我的单位比离L还近很多,但自己在这附近工作了近十年,竟然还不知有这家书店。更为巧合的是,拜访L不久,我便陪同岳母到北京中医院去看病,恰好从位于南礼士路的这家书店前经过,因为时间关系,没能到书店里去看看。但这家开在小街居民楼里的书店,给我留下了很深刻的印象。有了这两次的机缘,我在随后的一天中午,也利用午休的时间,到这家书店去巡阅了一番。那天我一进书店,发现这家书店特别像一个仓库,两层,真是满坑满谷的书。在一楼先转了一番,竟然有十元区和十五元区,都是近年来出版的文史书籍,由此大体明白了,这些书都是出版社的库存书。二十多年前,我在南京读书时,学校门口就有这样一家专门销售库存书的旧书店,有的书仅卖五元钱,我曾是那家特价书店的常客。那时口袋里钱少,买书也基本不挑不拣,故而收获总是多的。后来在北京读书,这样的书店,还有曾位于北大的野草书店,另一家则是在成府路上的豆瓣书店。

在一楼的特价区,倒是有不少朋友圈书友的著作,看着十分亲切。在售卖的展台上,有两套人民日报出版社出版的"开卷闲书坊",其中有子张的《清谷书荫》、金小明的《书装零墨》、董宁文的《开卷闲话序跋集》,唐吟方的《尺素趣》两册均似已卖掉了;旁边的书架上,还有山东画报社出版的一些书,都是有趣的,诸如谢其章的《玲珑文抄》、薛冰的《旧家燕子》、陈子善的《不日记二集》等,这些我都曾购存。在一旁的书架上,还有北方文艺出版社出版的萧跃华的一套"旧锻坊题题题",我收藏的一套四册,是萧先生赠送的签名本,这套书在书话写作中别具趣味。再在旁边的书架上看了看,发现一册上海古籍出版社出版的《中国小说史略》,这本不是什么特别的书。但上海古籍出版的这册鲁迅的学术专著,在版式上却是很下功夫。鲁迅书中谈到的小说,此书多附有插图,且版式很是雅致。后来细细翻了一翻,原来这本书的版式,采取的是古籍"上图下文"的插图形式,很是舒服。再看此书的装帧设计,竟是古籍社的总编辑严克勤先生,难怪。

从一楼细细翻看一遍,想买的书实在很多,但挑着挑着,反倒苛刻了起来。本来有一套北方文艺出版社出版的梁实秋的文集,十元一册,但考虑到版本,又放下了;有一套三联书店出版的董炳月的文集《鲁迅形影》,觉得不错,但考虑学术味道甚浓,便没有买;还有一套上海古籍出版社出版的《红楼梦》三家评点本,也犹豫了一番,最终放弃了。后来回到单位,又觉得都好,反而在心里责怪起自己来了。在通往二楼的楼梯旁,是整排的大部头著作,这些著作对于书店来说,很多都是具有装饰作用的,故而有些书放在读者很难拿取的地方。但我在这些大部头著作中,也还是看到一册中国社会科学出版社出版的《丰子恺年谱长编》的修订本。现代以来的散文作家,鲁迅、周作人、钱锺书、废名、黄裳这些作家之外,丰子恺是我比较感兴趣的一位。于是便从书架上将这册厚达八百多页的精装本拿到了手中。当然,我是很喜欢看作家年谱的,甚至这些年,还养成了读作家文章目录的兴趣。读这些散文大家的文章题目,本身就是一种享受,有时候看看题目,再想想他们是怎么来作这篇文章的,然后找来读读,很是有趣。

在另一个书架上,看到一册王强的《书蠹牛津消夏记》,从三册中选了一册品相最好的。王强的这册《消夏记》,最早在《上海书评》连载时,我便逐一读过,后来此书出版,由于价格有些昂贵,考虑到已读过了,便没有买。这次在书店里见到实物,真是有精美绝伦之叹,又碰到特价出售,岂能就此放过。王强的这册书话集在俞晓群主政海豚出版社时隆重推出,皮面精装,彩色精印,封面采用书名烫金、图案起凸等特殊工艺,这在国内出版中都是少见的,甚至可以与西方的一些专供收藏的图书媲美了。俞晓群在海豚推出过不少精装书,但王强的这一册,一定是其中的豪华本。我甚是佩服俞晓群在海豚做出的这些装帧尝试,前几年在北京的一个图书展上,看到海豚出版社曾用一个展架展出这些精致的文人集子,十足的令人惊艳。但翻翻那一架子的精装书,却少有几册想买来读的,不由得从心里叹息,可惜了俞先生的这番盛情和苦心。

　　书店二楼,果然有不少的古典文学书,尤以中华书局出版的"中国古典文学基本丛书"最为醒目,几乎占据了好几层书架。我也只在其中选了一册《元稹集》。我的古典文学修养根底甚浅。说来真是惭愧,至今还没有养成读竖排繁体字的习惯。记得在南京读大学时,我所在大学的历史系主任,谆谆教导我们要多读竖排繁体字的古典文献,他说古人读书,从上往下读,每读一页,都是不断地点头再点头,而现在改成横排,从左往右读,便成了左右摇头,如此,岂不成为不是又不是了嘛。当时大家听后,都哈哈大笑,现在想来,老师真是一片苦心。可惜我当时想当作家,爱读现当代作家的文学作品,终于没有养成读古籍的习惯。后来读了一些古典文学的作品,也多选中华书局出版的简体横排本,去年译林出版社出版陈寅恪先生的简体横排的文集,我立即购得一套,要知道陈先生在世时,是绝不允许出简体字版著作的,可见我辈之不成器。而我甚至还暗暗希望,钱锺书先生的《管锥编》和《谈艺录》也该是早早出简体字版才好。

下了楼，又在特价书的展台上看了看，没有找到 L 推荐的那册《辅仁师法》，估计早就售罄了，倒是在书架上发现一册《明清插图本小说阅读》。这本书是可以和那册插图本的《中国小说史略》来对读的。三联书店的这册学术专著，专门研究明清插图本小说，可谓剑走偏锋。此书的作者为美国学者何谷理，英文名为 Robert Hegel，系著名汉学家夏志清的弟子，现为圣路易斯华盛顿大学东亚语言文化系主任。按照何谷理的研究，明清小说插图本的出现，乃是明清之际商业繁荣的一种表现，带动了明清小说的阅读乃至兴盛。其实，在外国文学中，出插图本也是对于阅读和收藏极具号召力的行为。王强在《书蠹牛津消夏记》中所展示的收藏，不少都是极为精彩的经典小说插图本，而不仅仅是书的封面装帧。诸如他收藏的一册伦敦 1894 年出版的著名"孔雀版"《傲慢与偏见》，由 Hugh Thomson 插图 101 帧，乃是既豪华又极稀见的。不同的版本，会给读者带来不同的阅读体验。对于喜爱的作家，装帧是收藏，也是认识一个作家的特别通道。

2021 年 2 月 26 日，元宵节

寻书的乐趣

《新文学史料》杂志2021年第1期刊登了《周作人1945年日记》,系周作人的后人周吉宜和周一茗共同整理。周作人的日记,我一直关注。近年来,周吉宜陆续在《中国现代文学研究丛刊》上刊布由他整理的周作人日记,中国作家协会每期寄赠此刊,故而皆能读到。经鲁迅文学院王彬老师介绍,我曾有幸与周吉宜有过一面之雅。周先生告诉我,他已经将祖父的日记全部整理完毕,交给北京的三联书店,但迟迟未曾面世,几番催问,出版社又不愿放弃。几年过去了,周作人日记的整理稿依旧未见音信,倒是周吉宜整理的日记陆续刊出,对于知堂迷和研究者来说,也是佳音。我没有订阅《新文学史料》,网上也没有销售渠道,后来想想,三联书店似乎有售这本杂志,而在我的印象中,似乎也只有这家书店有售卖。春节后的一个周末,我专程去了美术馆东街的三联书店。想想已经数年未去这家具有地标意义的书店了。先是书店装修,吃过一次闭门羹;后又遭遇疫情,实体书店大多关门了。现在实体书店恢复营业,但读者寥寥,三联亦不例外。

以前三联书店一层的杂志,品类最为丰富,我常常会在这里消磨很长时间。因为有些小众的文艺刊物,除了图书馆,一般是见不到的。但这次到书店,原来摆放杂志的地方,没了踪影。转了一圈,在通往地下的楼梯口旁,有几个架子上有一些杂志,相比过去,少了很多。不过,倒是还有《新文学史料》这一种。立即翻拣一遍,却没有发现第1期,都是2020年的旧刊。找店员查了一下库存,还有4册,但架子上就是没有。店员亲自过来,最后在下面的柜子里找到4本。店员告诉我,这本杂志每期进10册,架子上摆了6册,没想到很快就卖完了。这令我有些意外,难道都是冲着这期上的周作人日记。此期还有一篇苏州大学季进教授的《打捞历史的碎片:谁是钱学熙?》,之前拜季进教授垂青,得以先睹为快了文章的电子稿。在我看来,《新文学史料》是一册文风清朗又注重资料的刊物,研究现代文学,此刊不可或缺。记得谷林老人曾在书信中多次提到,他晚年每期必买的,便有此刊,且是到朝内大街的人文社去购买。谷林的读书随笔,多谈现代文学,之所以能谈论到位,或许亦与日常的史料积累有关。

过去的三联书店,还有一个特别之处。便是在一楼的展厅之中,摆放有几架港版书,我每次都会翻读一过。有次,我打算买一册作家迈克的《一年三百六十五篇》,系其一年的专栏小品结集,乃是每日作文一篇,可惜当时犹豫而未购。这次到书店,一层的港版书架没有了。这是略感遗憾的地方。后来我在一层和负一层买了几册书,到书店的二层闲逛,竟发现书店靠窗之处,还有几架港台书籍,但多是常见的品类,之前的迈克、林行止等港岛文人的作品,如今也不见了。不过,这次倒是发现了香港中文大学出版社的《夏济安译美国经典散文》,书架上至少还有五六本,我立即从中选了一册品相最佳者。夏济安的这册《美国经典散文》,之前复旦大学出版社曾出版过一册《美国名家散文选读》,我在网上下载过电子版,但也只是收藏在电脑的文档之中。我对收藏电子书,如今已没有任何兴趣,因为如果不是在书架上,是很少会想到去读的;而如果不是纸质书,似乎也很难有耐心一页页读完电子书。

夏氏笔下的美国散文,很像是一篇篇中国古典小品,读来颇有云霞满纸之感。这种特别的译法,在当下是稀缺的,恰恰说明了当下译家对于中国古典文学修养的欠缺。国内当代翻译界,印象最深的,乃是法语翻译家罗新璋和英文翻译家许渊冲,都在文字上极力追求古雅之趣。香港中文大学推出"夏氏经典系列",其中夏志清的著作已经陆续全部引进出版,就连《夏志清夏济安通信集》也由季进教授主持引进和陆续出版,但夏济安翻译的这册《美国经典散文》和他的英文学术名著 *The Gate of Darkness : Studies on the Leftist Literary Movement in China*(《黑暗的闸门》),则是迟迟未见踪影。

新装修的三联书店,主要在展台的摆放上发生了一些变化。二楼我记得有段时间不开放,改为咖啡馆了,现在又恢复为书店,主要为生活和艺术类书籍,地下一层则全部为书店卖场,很像一个分类齐全的书库。漫步其间,如步入学术密林之中。一楼的几个新书推荐展台还在,入口处,最醒目的地方,依然是三联书店自己的展台。三联书店的特别,在于它既是一家出版社,又是一家实体书店。我记得过去这家书店叫三联韬奋图书中心,现在则改成了三联韬奋书店,但我还是喜欢它的简称。三联书店是有气魄的,它没有把这家书店,只办成一家出版社的门市部,这是了不起的地方。在三联的新书展台上,我还是选了一册三联2020年11月出版的《寄堂丛谈》,系清华大学中文系解志熙教授的文学论文集。之所以选这册文集,是因为其中有解教授回忆与钱锺书杨绛夫妇通信的往事,觉得尚可一读。解教授的这本论著,眼界开阔、见解独特,亦善挖掘资料,少有匠气。对于钱锺书的文与人,此公均极佩服,且对一些议论详加辩驳。他认为钱先生的文章"精警透辟、机智风趣、通脱朗爽";而对于周作人的文章,则认为是"工愁善感、低回作态、自我修饰"。此番比较,可见其个人趣味的偏好。

在三联的新书展台上,此行还选购了两册书。一为吕叔湘的文集《书太多了》,一为马雁的散文集《读书与跌宕自喜》。前者是上海文艺出版社推出的一个丛书系列,之前已经出版过金克木的《书读完了》、孙犁的《野味读书》、废名的《少年读书》,很显然,这套书的内容都与"书"有关,也都是现代以来颇有水准的文章家的作品精选。之前未曾认真读过吕叔湘的书,这次不妨补课。记得沈昌文十分推荐吕叔湘的作品,后来推荐在辽宁教育出版社出版过《吕叔湘全集》。吕叔湘是语言学家,也是文章大家,此书中有他写给外孙吕大年的书信。吕大年后来成为中国社科院外国文学研究所的研究员,也是个读书种子。中华书局曾出版吕大年的《替人读书》,薄薄的一本册子,十分耐读。马雁的《读书与跌宕自喜》系上海文艺新印本,本未曾想买,因马雁刚刚去世的时候,就买过一册《马雁散文集》作为纪念。此次修订出版的《读书与跌宕自喜》,与那册《马雁散文集》内容基本一致,只是恢复了马雁去世前拟出版的书名,装帧也更为精致。马雁的散文写得很不像散文,或读书札记,或流水纪事,或日常随感,其实细看,不仅很有章法,也很有想法。更有意思的是,马雁也读过吕叔湘的《书太多了》。

从三联归来那日，在微信朋友圈里，看到旅京的一位内蒙古书友，竟与我同日到访三联书店。这位朋友在三联选了一册王鼎钧的《〈古文观止〉化读》，还在朋友圈发了一张三联书店拍摄的照片。那是在一层南侧的玻璃橱窗旁，有一个小小的招贴，上面有沈昌文在三联书店看书的照片。照片上的沈先生，背着双肩包，头戴鸭舌帽，还有一幅黑色的口罩，显然是时间并不太久远的留影。如今沈公已去，他喜欢的书和书店依然还在。这个招贴画上有一个标题："沈昌文和他喜欢的书"，下面列举了沈公主持和推动在三联出版的一些丛书和名作，诸如"文化生活译丛""新知文库""现代西方学术名著译丛""日本文化丛书"，等等。招贴画的旁边，摆放着沈公生前出版的《师承集》《师承集续编》和为纪念他八十八岁米寿而出版的文集《八八沈公》。奇怪的是，那日我在书店，竟然未曾发现这个关于沈公的书店展览内容。书友拍摄的这个照片，令我想起一件旧事。几年前，我和友人去故宫看画，我们从故宫北门出来后，直接到了三联书店。恰巧那日三联书店在举办一个关于王世襄的小展览，有王先生出版的各类著作，还有王先生的一些书法作品，虽然规模很小，但很别致。我在哪个小展览参观了一番，很为这个书店展览感动。

2021 年 3 月 12 日

成府路半日记

清明假日,妻子回乡,我得半日清闲,便到成府路去逛书店。成府路上最有名的书店,莫过于万圣书园了,另外还有豆瓣书店、雨枫书馆、野草书店、墨盒子童书馆等。之前在五道口还有家光合作用书房,我曾经去过,书店很美,可以在二楼的书店看到飞驰的城铁,后来关张了;还有家参差书店,开在商业大厦的楼上,我尚未去过,便已搬到望京了。朋友刘柠有篇文章,写的是日本东京的书店文化,名为"每条街都有两家书店"。我觉得相比日本,即使在作为文化中心的北京,也不过只有两三条这样的街道。成府路之外,北京的美术馆东街,还有琉璃厂这样的地方,书店聚集,如果有空,是可以逛上大半日的。过去我在魏公村读书,成府路上的万圣,北大西门的博雅堂,都是常去的;那时候,还有北大南门地下的风入松书店,海淀图书城的国林风书店,以及圆明园东门的单向街书店,真可谓一时间书店林立,蔚然一景。真正以购书来说,那时候买书最多的,还是北大地下的博雅堂和野草,其中野草的书价最合适,博雅堂的新书推荐最有品位,记得旁边还有一家汉学书店,以古典文史类书籍为主。现在疫情严重,北大校园不能随便出入,博雅堂也是好久没去过了。

万圣是我到北京后去的第一家书店,因为心存向往。早在南京读大学时,就偶然在一位师兄处读到一册由书店印制的《万圣阅读空间》,那还是邮购的时代,这也不过是一本导购的小册子,但办得极有特色。记得那本册子上曾介绍过《殷海光林毓生书信集》,并节选了殷海光给尚在美国读书的林毓生的一封信,读后极为震动,随后就在先锋书店买到了这本书。万圣、风入松实际上面对的主要是高校师生,一些特别小众的学术书在这里都可以见得到。故而到万圣买书,某种程度上,也是一种学术活动的延伸。但万圣其实也是一家有个性的书店,这只需要看他的"新书推介"和"建议阅读"就可以了。诸如万圣的"建议阅读",便有一大排英国作家奥威尔的各类文集,其中奥威尔的小说,至少七八个不同的版本。有段时间,我在网上买书,常常会到万圣的网站上看看新书书目,并从中挑选一些自己感兴趣的书。后来读浙江大学应奇教授的书话集,其中谈到他也常常去浏览万圣的新书书目,不由得会心一笑。不过,自己远离学校之后,常常读一些闲散的书籍,万圣去得不多,买的就更不多了。这次到万圣,看到很多好书,但似乎自己也并不想读,于是就到文学专架上去转了转。

在万圣书园买书,最大的感受是自己并非学问中人,且所涉猎的领域的确狭窄。倒是在文学书架上,看到浙江古籍的"蠹鱼文丛"第二辑,其中有自己的一册随笔集《立春随笔》,也是略感欣然。好几年前,陪友人到万圣,在文学书架上,看到自己的一册随笔集《读抄》,摆放得还算醒目,于是买了一册,现场送给友人,也算是一种小小的炫耀。这次在万圣的文学书架的角落里,看到有一架子的"海豚书馆",小精装,非常特别,之前买过其中的几册,这次选了一册周一良先生的《周一良读书题记》,大致翻了翻,都是周先生写在自藏书籍扉页上的题记,其实也是很好的小品文章,更由此,可关注这种一流学问家的读书眼界。周作人说,看别人的书架,其实是看出了别人的心思,这本《周一良读书题记》,某种程度上是带你走进了周先生的书房,还有老先生为你亲自引导,告诉你他这些书的来历、价值,甚至其中的因缘,岂不快哉。后又翻到由周启锐撰写的《出版说明》,这本书竟还是他与复旦大学孟刚兄协助完成的。书店邂逅友人整理编辑的书籍,也是一种特别的缘分。记得过去万圣有句口号,乃是"燃一炷书香,续一份书缘",买得孟刚兄参与整理的这本书,便真有这样的特别感受。

万圣的文学书架,亦有两个专题书架,一为红学专架,另一为鲁迅专架。红学非我涉猎领域,周氏兄弟的书籍,倒是常读常新的。不过鲁迅专架上的书,大多感兴趣的,也都买过了。这次万圣重点推荐上海学者王晓明先生的新版《鲁迅传》,我也是在南京读书时买到的,那本书曾经对我的影响很大,当时觉得颇有激情和才华。记得有次到鲁迅博物馆,看王小波的生平展,碰见批评家李静,与她聊天,问我喜欢谁的著作,我便说了王晓明,她说她也很欣赏王晓明,但似乎过于郑重和正经了,现在她更欣赏王小波的诙谐和智慧。这次再版的《鲁迅传》,我也没有再买,或许是不愿意打破青春时期的那种美好的阅读印象。随后,又在书架上选了一册周作人的《夜读抄》,系上海三联出版社出版的"周作人自编集"之一。此书已买过止庵校订的河北教育和十月文艺两个版本,但上海三联的这个版本,版式十分简洁清雅,插图也恰到好处,读来极为舒服。我买书有看版式的癖好,如果版式不佳,装帧再好,也是不行的;而版式若好,一些经典的作品,可借此买来重温。上海三联的这个"周作人自编集"系周青丰策划,我与周兄有过一面之雅,他曾寄我一套"汪曾祺自编集",但似不如这套"周作人自编集"版式舒朗。

两本小书结账完毕,忽然在书店进门处,看到一套由冯秋子整理编选的《苇岸日记》,上中下三册,都是极厚的本子。苇岸是一位很特别的散文家,可惜英年早逝。广西师范大学出版社的"纯粹"这几年在陆续出版苇岸的文集,我买的是冯秋子女士编选的《苇岸纪念集》和苇岸的散文集合编《大地上的事情》。苇岸的日记则没有购买,乃是不知道这三本日记都记录的什么内容。这次在书店翻了翻,基本上是苇岸对于自己散文写作的点滴记录,有读书、交往以及一些写作的心得,很纯粹,也很朴素,有些写作心得,显然是他后来刊发散文的初稿。诸如其中有一日的日记,后来便成为他的散文名篇《美丽的嘉荫》,这是很值得注意的事情。最早买到苇岸的散文集,是一册《太阳升起之后》,还是在成府路旁边的蓝羊书坊,如今这家书店已经消失了。读了那本散文集,我写了篇读书随感,送到了学校旁边的中国气象局,他们办有一份气象报,有个副刊,文章也很快刊出了。那是我第一次走进气象局的大院里,白杨树高耸林立,颇有一种安然和静怡。万圣的书是不打折的,我在网上查了查,这三本《苇岸日记》网上仅售半价,于是下单订购了一套;不过还是要感谢万圣,否则自然会错过这本书。

在万圣买书,有时会有一种窒息的感觉,因为好书太多了,最后却是无从选择。从万圣出来,向西走了十几米,是雨枫书馆。我多次从这里经过,但从未进去过。因为听说这是一家会员店,且以女性阅读为主,便未贸然闯入。前些日子看绿茶兄推介北京独立书店,便也该大胆一点,不妨试着进去看看。推开雨枫书馆的玻璃门,映入眼帘的是一个由书架做成的格挡,上面放着台湾作家钟芳玲女士的三本书,《书店风景》《书天堂》和《书店传奇》,分别是绿、蓝、红三种颜色,书也是大开本,精装,非常隆重,也非常漂亮。我觉得这三本书放在书店的关键位置,是很有意思的,既彰显了女性作家的身份,又体现了一种浓郁的书香。进了书店,似乎没有读者。一个欧式的书桌上,很醒目的地摆放着几本书,其中一本是北岛的散文集《时间的玫瑰》,白色封面,精装,系三联书店推出的"北岛作品七种"之一;一本是高莽翻译的《阿赫马托娃诗文抄》,布面精装,带函套;一本是施蛰存翻译的《域外诗抄》。施蛰存翻译的《域外诗抄》和北岛的《时间的玫瑰》,我都买过,前者是刚出第一版时就买了,后者是有位网友推荐的,记得他说这本诗集令他想起白居易的《白氏长庆集》。

雨枫书馆的书可以说是太少了,新书尤其少,但推荐的这几本书,便也足够了。高莽先生翻译的《阿赫马托娃诗文抄》,之前未注意过,这次翻阅,真有一种惊艳之感。此书系毛边,每首诗都由高莽先生用钢笔字手抄,别有一番风味。

每个小辑之间,还都有高莽先生手绘的俄罗斯文学的速写插画,如"普希金墓""阿赫马托娃墓前速写""教堂内""谢甫琴科纪念碑""克雷洛夫纪念碑""高尔基纪念碑""亚历山大圆柱""果戈里纪念碑"等等。高莽生前曾游历俄罗斯,并一一拜访俄罗斯文学大师的墓地,还就此写过一本书。最令我感到惊艳的是,此书精印了阿尔特曼、莫迪里阿尼、安年科夫三位画家的《阿赫马托娃像》,尤以阿尔特曼1914年所绘最能体现出阿赫马托娃的深邃、忧郁和美丽。画像中的阿赫马托娃,坐在椅子上,穿深蓝色长裙,披一件黄色纱巾,背景似是密布的花树。仅仅因为这幅阿尔特曼的绘画,就想将这本《诗文抄》买下。我随即在网上查了一下,此书精印500册,再看函套上,果然有编号,我的这本是第195号。此书环衬上还有高莽先生的毛笔签名和钤印,但书店店员告诉我,这签名和印章应该是印上去的,不过,这也不重要了。

雨枫书馆的书虽然很少,但买书的体验却是很好的。店员或许觉得我还是位爱书人,向我推荐了他们书店编选的MOOK《光年》,我看了看,是由社科院的年轻女诗人戴维娜主编的。店员说,这是由书店策划的,每年编选一册,主要关注西方现代诗,正在筹编第四册。我看了看店员推荐的第三辑,有"俄罗斯青年诗人诗选",虽然并非我关注的内容,但也是颇刮目相看的。

从雨枫书馆出来,过了天桥,便是豆瓣书店。豆瓣主要以售卖出版社滞销学术书为主,价格也低廉一些。进了书店,看到不少年轻学生的面孔,确是符合这家书店的定位。在书架上看到一册精装的《竹久梦二画集》,近年来,这位日本画家倒是颇受重视,但打开看了看,印制并不好,主要是图片质量不高。在书店里转了两三圈,发现想买的书几乎没有,冯象在三联书店出版的两册文集《宽宽信箱与出埃及记》和《玻璃岛》,都是第二版,其实是很好的书,但也滞销,可惜我都已经有了。在书架的一个角落里,发现了陈存仁的《津津有味谭》和《施蛰存日记》,前者是2006年广西师范大学出版社出版,后者是文汇出版社2002年出版。似乎过去很多次到书店,这两本书都在这里,却从未想买过。这次问陈存仁的这套书的另两本,答已卖完了。

买书就是这样,过去你不喜欢一本书,并不代表这本书不好,而很可能是你不了解,或者你的兴趣点没在这里。对陈存仁的书就是如此,记得刚出版的时候,认为不过是一本闲书罢了,现在随着年龄增长,倒是觉得这样的书很有滋味,饮食的背后,有文化,有风俗,有阅历,还有世故。或许自己真是有些暮气了。《施蛰存日记》也很有意思,是由上海的沈建中先生编选的,包括《闲寂日记》和《昭苏日记》。

前者系施蛰存在"文革"中的记录,用毛笔写成;后者系"文革"后日记,用钢笔记成,比较简略。此书双面印制,一边印《昭苏日记》,一边印《闲寂日记》,并影印了日记的原始记录。封面分别用了施蛰存先生的两张藏书票,一为"施蛰存无相庵藏书之(1945—1948)",另一为"北山楼藏书"。在书店里简略翻读了施蛰存的文革日记,有作文、访友、读书等,尤以访求和抄写古碑为多,这倒是令我想起施老晚年说过的一句话:"鲁迅是从古碑走向革命,而我是从革命走向古碑。""这是一个讽刺。"我有华东师范大学出版社出版的《施蛰存全集》,过去对此并不注意,以为全集都收有了,其实,全集只收文字,并不影印这些原始记录。仅仅依靠读全集来读书作文,并不是很靠谱的事情。

从豆瓣书店出来,想着是该打道回府了,真有些疲倦了。买书也是一件十分辛苦的事情。就在准备坐车的时候,想起还有野草书店没有去成。野草过去在北大的地下超市,我是常客,老板都很熟悉,每次去,他都热情推荐刚出的新书。野草搬出北大后,我尚未去过,想想这次应该还是去看看。用手机地图搜索了一番,才好不容易在对面的地下一层找到。书店外面只有很小的"书店"两个字,连"野草"都省略了,不知是刚刚搬来的缘故,还是有临时落脚的意思。走进书店,发现还是那位老板,胖了一些,他似乎忘记我了。看到这家自己曾经喜爱的书店，竟与小商品和内衣内裤售卖场挤在了一起，我倒是感到一些哀伤，只为学术书店的沦丧。野草与豆瓣的定位基本相同，但这里人很少，有四五位读者，都是慕名找来的。我在书店里转了好几圈，也没有发现想要的书，过去在北大的那种感觉完全消失了。最后还是找了两本，一为黄裳的《旧戏新谈》，系北京出版社的"大家小书"之一，精装，之前买过人民出版社的初版本，算是重买了一本；另一为北大中文系吴晓东教授的《1930年代的沪上文学风景》，系北大出版社"吴晓东作品"之一，之前在网上买过其中的《梦中的彩笔》。吴教授是研究现代文学的，著作不多，但文章写得很好。

2021 年 4 月 4 日，清明

京华三日书事

2011年5月7日,三联书店

前段时间,有报道说北京的三联书店将部分店面租出去了。据说实体书店的日子越来越难过,三联也不例外。这次到书店,果然见店旁所开的店铺就是京城有名的雕刻时光咖啡店,而步入书店内,以前二楼的艺术类图书区消失了,据说也成了咖啡厅的一部分。在三联书店的楼梯上读书的独特风景,因为没有了通往二楼的去处,也就没有过去那样的壮观了。在书店的地下特价区,买到了夏志清的文集《文学的前途》,半价,略有残痕,但并不影响阅读,此书收入"三联精选文库"之中,由上海学者陈子善编选;大致翻阅了一下陈子善的后记,才知道此书原为台湾林海音创办的纯文学出版社出版,系夏志清的第二册中文著作,已连续印刷过五六次。此次在三联出版,删去了原书中的两篇文章,分别为《一九五八年以来中国大陆的文学》和《姜贵的〈重阳〉》,其他个别字句也有所删节。

随后又在新书架上选取一册著作,系英国作家罗杰·塔厚儿(Roger Tagholm)所撰写的《漫步文学伦敦》,为三联书店2006年出版,但一直未曾买到,现正好收下。此书的副题为"二十五条带您深入探访伦敦文学遗产的步道",对于了解英国文学可谓别出心裁,值得借鉴。该书封面系约翰逊博士(Samuel Johnson)在其伦敦故居前的雕塑,手中所拿应是一册由他编撰的字典,面露微笑,让人很能感受到英国文学典雅与渊博的一面;而该书作家在序言中谈及英国伦敦的名人故居都有蓝牌标志,具体名为蓝徽章,由皇家艺术协会(The Royal Society of Arts)于1867年在靠近牛津圆环区的霍利斯街即拜伦的出生地点上,嵌装了第一面徽章,之后又分别由伦敦郡自治委员会、大伦敦议会等机构颁发,1985年改由英国遗产协会(English Heritage)颁发并延续至今,现已有七百面徽章,其中中国作家老舍在伦敦的故居也获此殊荣。

记得前不久上海《文汇报》的"笔会"副刊,一位中国学者写他与妻子在伦敦寻访老舍故居的经历,而他并没有写到能够拥有这面徽章的详细标准。这册《漫步文学伦敦》对此便有所介绍,不妨抄录如下:"一,要有合情合理的根据,让人相信他们是其多数的同业成员都视为卓越的人物;二,他们要对人类福祉有重要、正面的贡献;三,他们还要有独特、卓尔不群的个性,让见多识广的过路人,立即就认出他们的名字;四,他们应获得这样的认同。"这让人想到我们在文物前用水泥浇铸的各级文物单位的保护标志,真是粗糙得可以,但能拥有也算是荣幸了。诸如北京,就很值得也写出一本这样的散文著作,但实际上很多的历史遗迹,早已被人为毁坏了,据说三联书店附近便曾有著名学者陈梦家和他的妻子赵萝蕤住过的四合院,系明代的古建筑,虽有多位知名学者和作家极力声援保护,可惜几年前还是被粗鲁地拆毁了。

2011年5月11日,汉学书店

朋友S告知我北大有挪威著名汉学家何莫邪(Prof. Christoph Harbsmeier)的讲座,系北大胡适人文系列讲座之一。北大我很久不去,因此也打算借此旧地重游。胡适人文讲座之前也有所耳闻,似乎以邀请国外知名汉学家到北大来演讲为内容,从去年北大中文系成立一百周年开始举行,到今天似乎已经快一年的光阴。记得第一讲是美国哈佛大学的著名汉学家宇文所安(Stephen Owen)关于中国古典诗词的演讲,可惜我那时未在北京;而我感兴趣的是这个讲座系列以胡适命名,可谓贴切,这也有对于胡适在学术界地位的认可。胡适曾在北大担任中文系教授,抗日战争后还一度担任北大的校长,无论北大对于胡适,还是胡适对于北大,意义均是不凡的。胡适在国际学界具有很高的知名度,曾荣获世界各地三十多个大学的荣誉博士学位,他的身份早已代表了一种民国时期贯通中西的学术气度和胸襟。

讲座完毕后,与S从教室出来,便直奔北大西南角的几个地下书店去看书,在其中的博雅堂书店,我买到《万象》杂志2011年第五期;又在旁边的汉学书店,买到止庵编选的《周作人集》(插图本)上下册,这套书系花城出版社的"大家小集"之一,因为打折,而我又有收集周作人文集版本的兴趣,于是拿下了。在书店翻阅了一下《万象》杂志,见封二有胡适的照片,神采飞扬、年轻潇洒,照片上的胡适手持折扇,面露微笑,身穿中式对襟衣服,似乎在园林的古亭下休息。据照片下的介绍,此照刊载在 Sinica(《汉学》)1932年第七卷第216到217页之间的插页上,图版第21,第263页上又有说明为:"图版第二十一是年轻时候的胡适教授的照片。

由 Dreier 女士拍摄。"与这张照片对应的是本期杂志中由李雪涛写的文章《不做一只不舞之鹤——有关胡适获普鲁士科学院通讯院士的几份史料》。我后来读了这篇文章,原来作者去年通过当时北平的一份英文报纸《华北时事日报》(*The Peping Chronicle*, 1932 年 9 月 23 日),发现有胡适当选为普鲁士科学院通讯院士这一荣誉后,德国大使馆为胡适举办隆重的招待晚宴,这份报纸刊发了报道通讯,并同时刊发了由德国大使陶德曼(Oskar Traumann)所发表了祝词,以及胡适所发表的致答谢词,而这些史料均为第一次面世,对于研究胡适自然十分珍贵。

汉学书店以出售文史类著作为特色,书店装饰倒是有些古雅,店名竟也是季羡林所题,显然要比其他两家书店看着更为有文化品位一些。从书店出来,天尚早,我和 S 便在北大校园里散步。我们从畅春园穿过去,经过一段幽深的小径,到达未名湖,一路上见到北大校园内花团锦簇,草木扶疏,颇有欣欣向荣之气。中途,先后遇到了李大钊和蔡元培两人的塑像,均为 1977 级与 1978 级的北大毕业校友捐助建成,这倒让我想起台湾作家李敖 2006 年到北大演讲,曾在公开演讲中表示他要给北大捐款,用于给胡适建造纪念塑像,但似乎至今也没有实现。不过,S 告诉我,他之前偶然在网络新闻上获知,这座胡适的雕像即将完成,并将由北大校方安排并择地安放。但愿这个消息准确。从北大出来,我一路上都在想,如果真的要为胡适树立塑像,不知道会将安排在什么地方呢?我觉得最为合适的地方,便是北大的图书馆前了。今年还是胡适诞辰一百二十周年纪念,这塑像若真能如愿完成,也算是对于这位北大校友的一种迟来的纪念吧。

2011年5月14日,万圣书园

到海淀访友后,时间尚早,想到这里距离成府路较近,准备顺便去万圣书园看看书。每次我到北京,只要时间允许,万圣还是必去的地方。万圣书园取名于万圣节,诗人西川则将此店名发挥为,每本好书都是一个圣人所在,也可谓贴切又诗意。书店由知名学者刘苏里独立支撑,特点在于书店只销售严肃的学术人文著作,因此所有书籍既要求严格又尽量齐全,在这里可以看到许多不曾见到的学术与人文著作。据说每册进店的著作都是要经过刘苏里的认真判别的,正如梁文道在文章中所谈,万圣书园是没有垃圾著作的干扰的。由于万圣书园的图书折扣很小,而且还必须持有会员卡才行,因此,进店前我便抱着尽量只看不买的心态。先在二楼的书店入口前驻足欣赏了很久特设的导购橱窗,特别是"建议阅读"这个橱窗,很能见识到书店的风格和态度所在,诸如以下几册著作:《蒋经国传》《马克斯·韦伯社会学文集》《古典政治理性主义:施特劳斯思想入门》《民族主义:走向现代的五条道路》《法权现象学纲要》《波斯帝国史》《苏格兰启蒙运动》《让人民自由》《殉道史》《统治史》《思想的谱系:西方思想左与右》《苏联的心灵:共产主义时代的俄国文化》《保罗·策兰诗选》,等等。

进书店后,在杂志区拿到了《万象》第一到第四期,这份杂志曾连续数年订阅,今年改订新闻刊物,但颇为后悔,因此只能在书店零散购买了,幸亏在这里还能买到,前几日去北大的博雅堂书店,只买到了最新出刊的第五期,据说是因为买的人太少,全都退掉了。在新书区见到了花城出版社最新推出的"书蠹丛书",分别有止庵的《比竹小品》、谢其章的《书呆温梦录》以及赵国忠的《春明读书记》三册,均为小开本的精装本。因为都是有关现代文学的书话文字,均为我所关注,适合平日闲翻,也就全都买下了。又浏览了一下文学区的现代文学专柜,在架下的旧书堆里翻到大象出版社1996年12月出版的《周作人日记》,共三册,这套书由鲁迅博物馆所藏的周氏日记影印,两次印刷,也不过二千五百八十册。我寻觅此书久矣,没想到今日偶遇,虽然定价昂贵,但还是要拿下的。而其他诸多新书,因为折扣相比太低,这次自然是要忍痛割爱了。结账后,发现竟消费几近三百元,其中《周作人日记》因为是2006年以前出版的旧书,收银员态度坚决,一点也不打折。看来,万圣还是很自信的。之前我还替刘苏里和他的万圣书园担忧,而我这种早有心理准备的人,也没有抵挡住诱惑,其实多少还是有些杞人忧天的。

在书店里翻读了谢其章的随笔集《书呆温梦录》,收有文章《毛边书是阅读的反动》,写他也偶尔收藏毛边本,其中便有书话大家姜德明赠送给他的几册毛边书,计有《北京乎》《余时书话》《书边梦忆》等著作,特别是《余时书话》一册,初版只印了一千五百册,其中毛边书也只做了一百册,可见其珍贵。而他自己的一册著作《漫话老杂志》,曾请编辑做过十册毛边书,据说现在网上都已经炒成奇货了。为此,他也颇为留意毛边本的情况:"上海译文社最近出了一系列精装毛边本,做工很精致,内容又是我所喜欢的,当即在当当网订购了其中的《美国散文精选》,其中一篇《古宅琐记》,最初读的是北岳文艺版,那时的书做的真够粗糙的,但是那时读书就是读书,不大关注书的外貌。"而止庵在他的随笔集《比竹小品》中,收有《也谈毛边书》一文,竟也提到了这册《美国散文精选》:"是以我对这种玩意儿一向不大当回事儿,朋友送书给我,我宁肯要光边的。偶有例外,譬如前不久面世的扬之水著《奢华之色》,毛边三面均隐于精装书壳之内,堪称精致;又《美国散文选》和《培根随笔》,书页上下切光,留书口不裁,亦算漂亮。"

真是堪称奇遇。从万圣书园出来,到对面豆瓣书店里,一眼看到这册《美国散文精选》,自然是立刻拿下。这册《美国散文精选》由山西大学教授高健翻译,收文四十八篇,其中包括有富兰克林的《静生詹言》、霍桑的《古宅琐记》、梭罗的《垂钓》、艾略特的《传统与个人才能》,等等,真可谓名家名文一书在握了,而且整本书的装帧实在优雅,封面用乳白色的精装硬纸,除去两三行隐约可见的刻印体英文,以及必要的出版社、中英文书名和译者名目之外,还有就是一帧印刷极好的小幅版画,整个设计简洁、清雅,令人过目难忘。再读后封上的出版介绍,竟也是典雅与妥帖的大家手笔,不妨也抄录下来:"本书为北岳文艺出版社所刊印的《美国散文精选》(1989)的重印本。重印的目的出于以下考虑:据我们所知,该书自发行以来即深受国内外(包括港台地区)读者的广泛欢迎,但由于当年印数过少,且又迄未重印,目前书市已绝迹,致使购书者每每废然而返。有鉴于此,我社决定重刊此书以满足广大读者的要求,并使优秀译本得以再获新生。"

北京书店杂忆

国庆长假,特意抽出一天的时间,去中国美术馆参观,顺便到旁边的三联书店去看看,这也是我很多年来养成的习惯。但等我走到美术馆东街,才发现铁将军把门,书店没法进去了。看告示才知道,书店装修已经快两年,由此看来,其实我到书店,也是很久以前的事情了。最近报纸上登出消息,停业两年的三联书店重新开张,以全新面目迎接读者,这无疑是个很好消息。由此想起前些年自己在京城游历书店的往事,觉得可以写一篇小文章。我是2004年到北京来读研究生,三年后短暂离开。待我再次回到北京的时候,网络购物时代已经真正到来了,很多有名的民营实体书店纷纷闭门,幸存的不少书店也已经不再担负其本身的功能了。我读书那三年,去书店最为频繁,也是赶上了实体书店最为光彩和鼎盛的岁月,也给我的青春留下了最为特别和美好的印痕。我甚至认为,北京,或许正因为有了这些书店,才成为文人学者最为向往的地方,在某种程度上来说,书店还曾是很多学子课堂与书房延伸的一部分。

我到北京十多年来,走动的半径其实并不大。除去读书时的学校、后来工作的单位和居住的小区,去的最多的两个地方,一个是美术馆附近,一个便是北大附近。到美术馆附近,并不是因为自己是真正的美术爱好者,而是因为这一地方,可以说是文化人最理想的去处之一。曾经一次,难得有一日空闲,我从单位出发,上午到美术馆看展览,下午去三联书店看书买书,顺便又到旁边的涵芬楼书店和灿然书屋去看书。一天下来,可以说筋疲力尽,但收获极丰。美术馆也有自己的书店,以出售画册为主,不远处,还有王府井书店,则是满坑满谷的图书售卖场。集中在美术馆附近,有人民艺术剧院,是戏剧爱好者的去处,常是一票难求。在舞台艺术没落的今天,这是一个特别的景致。美术馆这个地方,距离国家图书馆文津古籍馆、国家历史博物馆、故宫博物院,也都不算太远,这些地方可以发历史之幽情之外,也常常可以看到很多非常难得的展览。

美术馆附近一带,可以看作京城文化内蕴最有代表性的地方。印象深刻的,是一次陪中国艺术研究院的陈斐兄拜访杨天石先生。杨先生供职的社科院近代史研究所就在美术馆旁的东厂胡同内,颇有闹中取静之佳。那天杨先生在他的办公室接待了我们,所谈大多已经不太记得了,但杨先生的办公室内几乎全是书架,密密麻麻的资料和层层叠叠的书籍,几乎到了寸步难行的地步。我们好不容易才在杨先生办公室找到了可以就座的地方。杨先生说社科院曾给他在京郊分了一处宽大的房子,但他后来还是选择留下来,看重的便是这里的氛围。我们去的那天是周末,但先生说他基本上都在办公室,故而戏称办公室便是他的书房。与杨先生告别,先生兴致颇高,又带着我们在近代史所的小院子里转了一圈,原来这个小院子系湖广会馆的旧址,而鼎鼎大名的胡适之故居也在此处。胡适离开北京前,其书籍资料大多留在了此处,后成为近代史所的重要收藏。从杨先生处离开后,我在旁边的三联书店买了本杨先生的自选集,当时便想,这里该是杨先生常来之地了。

其实我在三联书店买书的次数并不算太多,朝圣的心态更多一些。每次去三联书店,多是看看书店的新书,三联的展台推荐和排行榜一般是会留意的,这代表着三联的眼光和品位。三联书店的独特之处,还在于有很多人文期刊可供阅览,这是一般书店所没有的,我偶尔会在这里买一些刊物,诸如《书城》《随笔》《新文学史料》之类,一般在报摊上是很难见到的。但后来这些刊物又不见了,很希望书店重张,能够再见到它们的身影。到三联买书印象最深刻的是,有次香港天地出版社的孙立川来京,临机约见。我匆匆赶往书店对面的华侨大厦,见面后,得知要带我去拜见住在附近的周有光先生。机会太难得,我立即赶往旁边的三联书店,选购了周老的几本新书,其中有册周老的名作《拾贝集》精装本,后经周老签名,成为舍下的珍藏。还有一次朋友段炼从加拿大回国讲学,我们相约到故宫去看画展,从故宫北门出来后,我们不约而同地选择去三联书店看书,那天恰逢书店在搞王世襄先生的著作和书法展览。王先生是三联的老作者,我们有幸赶上这个小展览。

北大附近的书店,可能是北京人文书店最为集中的地方。我因读书的学校距离北大最近,故而曾经去的频次最多,留下的记忆也最为深。有段时间,几乎每周都要去北大中文系旁听课程,前后持续将近两年的时间。有次听陈平原先生讲《中国现代学术史专题》,陈先生忽然兴起,谈起查建英女士刚刚出版的一册《八十年代访谈录》,其中有对他的一篇访谈,回忆了八十年代他在北京大学求学时的一些记忆。陈先生感慨,八十年代既有一些文化弄潮儿,但也不能忽视一些受过"五四"思潮熏陶的学人前辈,他们在浩劫之后对于年轻一代的培养。我从北大中文系的教室出来后,去了北大西门地下超市的几个书店,在其中的野草书店就看到刚刚新上市的《八十年代访谈录》,立即购得一册。

读后写了一篇长文,很快就在北京的报纸上刊发了,文中的许多思考恰恰就是在这种特殊的环境氛围中催生的。后来每次到北大,都要去野草书店,和店老板都成为熟悉的朋友。有次与书店的一名店员聊天,他说野草是北大的一位教师操办的,也才知道其中的奥秘。

可惜那时候我真是一个穷学生,很多书想读而买不起。有次在野草书店看到不少好书,心中痒痒,但囊中何止是羞涩,只能无奈而去。不料在北大校园闲走时,恰好碰见女友,那时她工作的单位就在北大附近,我立即从她那里借了买书的钱。女友本打算陪我一起去逛书店,但我拿钱便走,直奔书店,这成为女友后来每每诟病我的一件书呆子趣事。还有一件趣事,乃是我有次去看女友,她尚未下班,我便去附近的风入松书店看书。从下午一直看到晚上书店快关门,才想起此回是来陪女友的。风入松书店在北大南门的地下室,看不到外面光阴的变化,手机也没有信号,我从书店出来,天已黑沉许久。待我去女友单位,少不了她的一顿数落,但还是欣慰她从心里其实并未怪罪我。风入松书店也是北大教师开的一家很有名的民营书店,可惜后来关张了。风入松书店以人文社科书籍为主,常常能够按照学者研究的专题进行分类,遗憾那时我还是学术的门外汉,在书店里只是东翻西看,未能很好地利用这种资源,但我很怀念这家书店。

与北大南门一街之隔,也是书店林立之处。昊海楼里有很多小书店,旁边的中国书店和中关村图书大厦,也是各有特色。印象里中关村的这家中国书店会不定期地组织一些学人签名本的展览和售卖,我也从中买过一些留念。中国书店以文史类书籍最为出色,也有旧书售卖,但我似乎没有在中国书店淘到自己很满意的著作,后来在中国书店的其他分店也没有此类的幸运,也有些旧书不错,但售价之贵,是望而却步的。北大附近的书店最为兴盛期的代表,应该算是第三极书店的开张。在最繁华商业科技区按照商场来设计打造书店,在国内都是少见的。而后来第三极书店的悄然落幕,也似乎成了实体书店衰落的象征。我在第三极书店购书的经历,值得一记的是有天晚上看书,见到有位晚我一级的学弟 S 君也在。后来与这位学弟熟悉了,原来他也很爱逛书店,由此我们成为了结伴买书的侣伴。学弟毕业于厦门大学中文系,来京之前在福州工作,他常提起到福州的晓风书屋购书的往事。研究生毕业后,他回到了福州,所幸福州还有晓风。

北大东门是成府路。成府路上最有名的三家书店,一为万圣书园,一为豆瓣书店,一为光合作用书房。万圣书园是刘苏里先生创办,我在来京之前就已经熟知,来京第一个去的地方,就是万圣,与去三联一样,带着一种朝圣的心情。

三联书店背后是出版社的文化积淀,而万圣的背后,可能就是北大的精神气质。万圣书店值得关注的,一是书店推荐榜,代表着书店的态度,另一个是销售排行榜,一定程度上代表着北大清华师生的阅读趣味。那时我去万圣,有一个可笑的举动,见到好书,唯恐被别人抢先,会都先选上一本,这样很快就是一大摞,然后再找一个安静角落,慢慢挑选。万圣对面的豆瓣书店,以出售滞销的人文书籍为主,多以半价销售。豆瓣书店不大,我也常常去看看。这两家书店目前还在成府路上坚守,也算是实体书店的一个奇迹。光合作用书房是厦门一家知名书店的分店,我去的不是很多,但这家书店环境最佳,从书店二层可以看到飞驰的城铁,有一种特别的韵味。可惜光合作用书店不久就关张了。

读研究生时喜欢常去的书店,还有开在圆明园东门的单向街书店。我可能是最早的单向街书店读者,那是试运营的一个冬日的下午,书店里只有我一个人在翻书,店里还没有暖气,但北方冬日的阳光,倒是令这家小小的书店充满了一种特别的暖意。单向街书店基本上每个周末都会组织人文学术讲座,我参加过不少活动。在单向街的那个小小的院落里,应是北京一度最为动人的人文风景。有次父亲从老家来北京看我,我带他去圆明园游玩,到了那里,便想着去书店顺便看看,于是父亲便在公园旁的一个椅子上等我。到了单向街书店,恰有社科院文学所的陆健德讲座,于是买了本他的集子《麻雀啁啾》,等其讲完后,又签了名作为纪念。待从书店出来,才想起父亲已在公园旁等我很久,但父亲并没有丝毫责怪我。对于读书买书,我们多是持有宽容态度的。我至今都认为,圆明园旁的单向街书店,是北京最美的书店,因其建在皇家园林的废墟之旁,宁静,开阔,沧桑,又带有一些历史的幽意。单向街后来搬到了闹市之中,我只去过一次。

其实北京还散落着很多的好书店,有次郑州的何频来京,住在美术馆旁边的一家商务酒店里。我匆匆从单位赶过去,吃过午饭后,我们一起去附近的文物书店,我在何频的推荐下,选购了一册中国古画史,何频先生则买了不少的古籍杂著。之后,何频又带我到附近的老舍故居参观,并在旧居的老舍书店里买了几本书,这些书籍都是他的研究写作的很好素材。老舍旧居这样的小书店,在北京还有不少,有些是建在文化场所,有些是建在名人故居,诸如人艺的戏剧书店,便是建在剧院里面,如果不是专门研究戏剧的行内人,一般是不会知晓的。而建在名人故居里的书店,阜成门外鲁迅博物馆里的鲁博书屋是颇有名气的。我最初就是在这里购得了河北教育出版社第一版的全套《周作人自编文集》,乃是店主向我热情推荐的,这也成为我后来多年研读知堂文章的缘起。也是在这里,我购得辽宁教育出版社出版的"书趣文丛"的第一辑全套,那时这套书应该算是稀见之物了,其中谷林的《书边杂写》,成为多年的枕边读物。

　　散落于京城的书店,有时会有个好处,便是让人有种山中奇遇的感觉。初读研究生时,我在丰台区的郑常庄看望来京打工的二哥,有天无事,便在街边闲走,偶然发现这里也有家万圣书园,进去才知道是万圣书园的艺术分店,令我颇感疑惑的是,这里既没有艺术院校,也没有艺术团体,却有这样一家特色鲜明的书店。那日我在书店里购得了一套《鲁迅序跋集》,算是对于这家特别书店的支持。还有一次巧遇,是去岁我陪儿子到六里桥上课外辅导班。有次在附近闲走,竟然发现了中华书局的伯鸿书店。于是本来颇为无聊的差事,竟成为每周期待的事情。我在这里几乎每周选购一册中华书局精装的《中华国学文库》,最后儿子课毕,我也将此套"文库"读了大半,这也算是一种意外的收获。今年四月的一个周末再去,恰逢世界读书日,书局做开放日活动,我有幸得以进入书局参观,也算又一幸事。诸如中华书局伯鸿书店,其实也是出版社的一种特别的展示,商业利益倒是其次,故而能够一直坚持下来。也因此,我想,北京还会有很多好书店的。

2020 年 1 月 4 日

少时读书忆往

我并非生在书香人家,但祖父对于书却是极为敬重的。听说我们家曾有一座二层阁楼,楼上有很多书,大约可以装小半卡车,但在"文化大革命"时期,这些书都被我祖母私下里销毁了。祖父是老中医,没有上过什么学,认字是在村旁的一座小寺庙,被一个老和尚发了蒙,他自己后来信了一辈子的佛,也吃了一辈子的素斋。祖父对于书的敬重,一方面是他节衣缩食,买了不少自己喜欢的书,另一方面,也有敬惜纸张的缘故,他对印有字的纸张都十分爱惜,对于书上东西都很信服。曾有很多次,他把家中幸存下来的几本民国时期出版的书拿给我看,态度非常虔敬。祖父的藏书以中医、佛教和黄历之类的旧书为主,其中一些可能也有版本价值,后来有书贩专门上家中来收购,被他严词拒绝了。祖父生前总是在抄抄写写,但从未发表,他自己研究了一个治疗某种常见皮肤病的中药偏方,收录在《陕西验方新编》之中,算是一种认可。

也许受祖父的这种影响，我很小就爱书。但家中的书实在是少得可怜。我父亲是种菜的农民，因为被"文革"耽误，没有读过什么书。我买的第一本书是由路遥的中篇小说《人生》改编的连环画，是在小学校门口的地摊上，印象很深，大约五分钱。小学快毕业时，一位在西安上班的亲戚送我了一堆《故事大王》旧杂志，我在田间地头逐页读完了。这是一种迟到的阅读，我以后的读书，大约都是这种补救般的节奏。我曾把村子里能借的书全部都借来看看，当然其中有很多乱七八糟的东西，诸如通俗小说、相命占卜、传奇杂志之类的印刷品。偶然在村中借到一册《中国民间故事集》，封面都被翻破了，但里面有很多有趣的民间传说，大多故事曲折也很有趣，许多内容至今还记忆尤深，令我爱不释手。后来我大哥考上了大学，偶尔会给我带一些他读过的书，印象很深的就有钱锺书的小说《围城》和路遥的长篇小说《平凡的世界》，尤其是后者，一度给我很大的激励。

我的阅读习惯大约就是这样培养起来的，但在我们那个小镇，是无书可读也是无书可买的。我读高中时，有次读到一篇文章，写列宁临终前曾让他的妻子给他朗读美国作家杰克·伦敦（John Griffith London）的小说《热爱生命》，这让我极想读到这篇小说。后来一位出差到西安的老师替我买了一套《杰克·伦敦文集》,这大约是我平生第一次买到一套像模像样的书。我第一次自己在书店里买书,还是到县城参加高考时,在县城的新华书店里买过一册浙江文艺出版社出版的《张爱玲散文全编》,记得是贾平凹曾在一篇散文中提及过,这本书我至今还留在身边。那时我也常常向同学借书,借到的主要是一些世界文学名著,记得借过歌德的《少年维特的烦恼》、司汤达的《红与黑》之类小说名作,外国人的名字看着很吃力,但还是硬着头皮来读。有次我带了其中一本书回家,母亲看到了,对我说,你现在还有时间看这种东西,眼神是比较失望的,我从此未再敢将闲书带回家。

读书的高中在一个小镇上,有时会有一些卖盗版书的小摊贩出没于学校附近。我在书摊上买到过几本书,其中一本是《古文观止》,一本是《鲁迅文集》,这两本书大约也是在什么地方读到过推荐,于是下决心买了。只是鲁迅的书当时读着颇为吃力,后来我带到大学才陆续读完,同时还读了一本王晓明的《鲁迅传》。王晓明写鲁迅"横站"的战斗姿态,深深地感染了我。年轻人读鲁迅,可以变得特立独行,但一定也会因此而碰壁不少,这至少是我的一点感受。还有一本书摊上买来的书,其实本不值得一提的,但当时对我的影响太大了。此书名为《在北大等你》,大多都是各地考上北大的状元谈自己的高考心得，使我间接地对于北大充满崇拜。我后来自然没有考上北大，但这本书直接改变我的是，在距离高考还有不到半年的时候，我执意从理科转到文科，因为梦想读北大中文系，这种冲动现在看来也是一种头脑发热。不过后来我也有机会在北大中文系旁听过一阵子的课，也特别关注过不少北大学人的著作，算是这本书带来的一些影响。

1998年，我到南京去读大学，临行前，去西安的六路看了看，才真正见识了什么叫书的世界。六路是西安批发图书的一条街道，一家书店连着一家书店，我在其中流连了很久，最终只买了一本书，就是《贾平凹散文自选集》，漓江出版社出版，这本书由西安带着去了南京。贾平凹以《废都》名世，有"鬼才"之称，在陕西影响极大，祖父有次在广播上听了他的一篇散文《秦腔》，很是佩服，对我说，贾平凹这个人了不起，名字起得也很有水平。我后来很有一段时间都喜欢贾平凹的散文小说，直到他的长篇小说《秦腔》出版，我刚起头来读，便感到了一种厌倦，后来便很少读贾氏的作品了。现在想想，或许在我的思想深处，已渐渐对那些意淫传统的内容有了警惕。那年在西安，我还去了钟楼书店，它坐落在最繁华的城市中心。我买了一本魏明伦的杂文集《巴山鬼话》，薄薄的一个小册子。拿着那本小书，坐在公交车上埋头翻读，悄然从这座千年古城中穿过。

在南京读书时,因为有国家补助,可以衣食无忧地读书。我走过的地方不多,但南京是给我留下美好印象的一座城市。有时读书到夜深人静之时,可以聆听从长江上传来的汽笛声,若隐若闻。校门口的法国梧桐,郁郁葱葱,遮盖着马路,也见证着历史的沧桑。如果留心的话,在南京街头则不时可以发现一些旧书店,其中有不少是大学教授的旧藏。记得从旧书店淘来一册《俄罗斯作家小传》,编著者已经忘记,墨绿色的封面,内容系介绍俄罗斯19世纪的作家生平,诸如托尔斯泰、赫尔岑、涅克拉索夫、别林斯基等人,真可谓星汉灿烂,一时为之心热。后来又接连读了别尔嘉耶夫(Nicolas Berdyaev)的《俄罗斯思想》和以赛亚·伯林(Isaiah Berlin)的《俄罗斯思想家》,都是大受震撼。20世纪末大约是图书出版的一个短暂黄金期,我也跟读过不少流行的学人著作,诸如朱学勤的一册文集《书斋里的革命》。当时恰逢朱先生曾经任教的那所学校也与我就读的这所学校合并,令我深感到即使再不济的地方,或许也有藏龙卧虎之人。

大学毕业后,可以挣工资了。由于没有什么经济负担,常买一些自己想看的杂书。刚毕业时在石家庄郊县的一个小山沟里工作,进城是很困难的,但几乎每周都要进城去买书,就像采购粮食一样。经常买书的书店先是一家连锁的席殊书屋,后来则常去友谊大街图书批发市场,还有《河北日报》社旁的嘟嘟知识书店。嘟嘟店面虽小,但品味颇不俗,后来才得知店主原来是学者邓正来的弟弟,我当时拟出版一册随笔集,他答应出版后可以在他那里寄卖,但那本书一时没有印出来。"非典"肆虐的那一年,单位封闭管理了三个月。无聊之际,发现单位有个封闭已久的小图书室,其中大多藏书与我的兴趣无关,但竟然有一本加缪(Albert Camus)的小说《鼠疫》,于是借来读了一遍。那种在社会危机中读书的感受,以后很少再有了。当时办公室有个已婚同事,因为"非典",很久没有回家,疫情解除后,他的第一件事情便是立即洗澡。而我则是将三个多月来记下的书单整理出来,立刻准备去城里的书店逐一买来阅读。

可以说,在此之前,我对于书的需求,基本上处于饥馑状态,要么之前根本没见过那么多的书,根本不知道该读哪本,又该买哪本,要么就是没有太多钱去买自己想要的书。而自己对于书的需求,基本上也属于恶补的状态,毫无厌倦,从不满足,见什么书都可以读得津津有味。这样的状态直到自己读了研究生之后,才慢慢有了一定的偏好和趣味,并渐渐摸索出了一些门道,也培养了一些分辨的能力。研究生在北京一家艺术学院就读,后来获得诺贝尔文学奖的莫言先生是我的师兄。我曾在学校的图书馆里翻到一册1983年四川文艺出版社出版的《聂鲁达诗选》,书后的借书卡上便有一个"管谟业"的签名,我悄悄地留藏了这张小卡片。研究生的课业相当的轻松,买书和读书算是常态。可惜那时虽是带薪读书,但工资毕竟不高,而想买的书又实在太多,常常有见好书而掉头的怅然。记得《鲁迅全集》新版刚出来时,售价近千元,故而只能一声叹息。我有位师兄,也极为爱书,但他有个办法,就是整本整本的复印,费资甚少,这个办法我也尝试过几回。

北京不愧是文化中心。虽然是穷书生,但不少文化场所倒是提供了读好书的可能。诸如距离学校很近的国家图书馆,那时新馆还没有建成,老馆在紫竹院公园旁边,可以借了书到公园里来看,也不失为一种特别的享受。有时在国图老馆的开架阅览室里看书,每到夜幕降临,工作人员会将很大的窗帘逐一轻轻从上拉下,此刻你会油然而生一种阅读的肃穆与神圣。还有坐落在圆明园旁的单向街书店,店名取自本雅明的著作《单向街》,颇有些现代情调,书店几乎每周都会有讲座,听完讲座,有兴致的话,可以买本签名著作,然后再到圆明园遗址去看看风景,也不失人生的一种乐事。还有万圣书园、国林风、风入松、盛世情等书店都不太远,也常能在课余去看书。印象很深的是某次去鲁迅博物馆拜访孙郁馆长,在馆内的鲁博书屋里翻书,店主极力向我推荐刚刚由河北教育出版社出版的《周作人自编文集》,于是买了一套,这也是我后来研读知堂的开端。

我读研究生时,有一段时间也是好读奇书,这也是值得一记的事情。当时偶然读了高尔泰的《寻找家园》,真是颇为震惊,于是逢人推荐。学校附近有一家很小的书店,名为城市季风,我常常在课业之余去那里翻书,但多是看而不买,后来和那家书店的店主也熟悉了。有次我推荐他这册《寻找家园》,后来再去,便见他果然进了不少册,当时真是颇为兴奋。因为攻读文艺学的研究生,一时立志要做文学评论家,以苏姗·桑塔格(Susan Sontag)为偶像,也很喜欢英年早逝的学者胡河清。一直想买一册胡河清的评论集《灵地的缅想》,但遍访不得,后来在国家图书馆复印了一册。还有一册奇书,便是我久闻捷克剧作家哈维尔(Vaclav Havel)的著作而不得,某次拜访社科院的徐友渔,他得知我不曾读过此书,送了我一册崔卫平翻译的《哈维尔文集》。徐先生说他自费买了一些分赠师友,我有幸得到一册。后来我在网上的读书论坛结识了一位书友,我们相约在万圣相见,他赠我了一册台版《哈维尔自传》复印本。

我的研究生导师是与钱锺书先生交好的陆文虎先生。但我迟钝,读书时并没有怎么钻研"钱学",说实话,对于《管锥编》和《谈艺录》之类的著述,当时真是如对天书。直到离开学校之后,才磕磕绊绊地读了一些。但从读周作人和钱锺书开始,我逐渐喜欢上了这种"抄书体"著作,那种书山探幽的兴奋与新奇,影响了我的择书趣味。后来读到德国学者瓦尔特·本雅明的论文集《启迪》(由汉娜·阿伦特编选),也是大为喜爱。不过,最受影响的还是周作人晚年所写的"抄书体"文章,令我感受到了中国文章的古朴与清明,并被一种特别的气息慑服,我把这也看作一种"五四"的遗风。我后来读书,几乎都是围绕这两位作家展开的,诸如由钱锺书而关注吴宓、杨绛、郑朝宗、鲲西、胡河清、谢泳等学人,由周作人则进而关注废名、丰子恺、张中行、黄裳、谷林、钟叔河、舒芜、扬之水、李长声等文人。对鲁迅的热情虽在慢慢降低,但与鲁迅有关的人与书,却也并没有失去关注的兴趣,诸如台静农、唐弢、王瑶、孙犁、邵燕祥、林贤治、钱理群、陈丹青等学人作家,也都曾集中读过不少。

以上大约是我的买书与读书琐忆,因为再后来,基本上便是网上购书了,也少有什么特别的故事和感受。我对于书的梦想,之前是无书可读,再后来是无钱买书,都是颇为无奈的事情。前几天和一位也爱书的朋友谈起,这十多年中国人的工资水平普遍提高了,但书的价格似乎涨得不太多。现在的书,大多都是能够买得起,但很多人反而不买书了。诸如那套曾经让我叹息定价太高的《鲁迅全集》,后来又过了近十年,网上书店竟以半价出售,我虽然已经有了多种关于鲁迅的著述,但还是毫不犹豫地购下了一套。我甚至以豪壮之举,先后在网上购买了《胡适全集》《周作人散文全集》《周作人译文全集》《丰子恺全集》《沈从文别集》《汪曾祺全集》等不少大部头著作,但似乎没什么特别可说的。可以说,以前对于书的痴想现在都已经解决了,但新的问题似乎也就产生了。工作之后,虽然好读书的习惯没有改变,但读书的时间却是少了,甚至变得愈来愈少。说来这是一件相当困扰我的事情,后来经过了许多的事情,也竟然慢慢平复下来,并习惯利用业余来读点自己喜欢的书。由此也终于想明白了一个道理,人的爱好都应该是业余时间来完成的。

也或许正是这种缘故,我对于身处专业机构之外的作家和学者分外关注。诸如声名并不彰显的谷林先生,便是我所喜爱的一位。谷林的那本《书边杂写》我时常会找出来翻翻,这位一辈子从事会计工作的爱书人,好读知堂,善写文章,又能在细微之间阐发他人难以见识的滋味。更为难得的是老人淡泊宁静的修为,真是心向往之。我至今都遗憾没与谷林有所接触,而这样的机会并不是没有。后来在孔夫子旧书网上买到一册谷林的签名本《答客问》,才算了却一件心事。我在旧书网上买书的开端,就是收集黄裳和汪曾祺生前出版的各类版本的集子,后来基本上在这里收纳齐全了。曾在山西作家协会任职的谢泳也是我关注的一位作家,他的《杂书过眼录》三册均是我喜爱的,谢泳研究胡适、储安平、陈寅恪、钱锺书等学人,他利用自己搜罗和收藏的资料,以小见大,见微知著,写了不少实实在在的好文章。而谢泳坚持独立研究的精神,便是很得前辈学人遗风,也是我所向往的。谢先生曾给我的一册集子写序,我后来在孔网上买到一册郑朝宗的《海滨感旧集》,竟然还是他的旧藏,也算是一件小小的书缘。

拉杂写了这么多,起因还是与书有关。去年春天,我在家中书房把这些年买到的书重新整理了一番,并借此机会陆续将一些感兴趣的旧书又重翻了一遍。有些书读后颇有感慨,就随手写了一些笔记。虽然这些文章大约并没有多少特别的见识,但其中一些属于自己读过的心得,或许对于还未读这些书的朋友,多少有一些启发,而我对于这些书的感情,或许也会引起一些朋友对于书的兴趣,我把这也看作一种人生的书梦。安徽教育出版社的何客兄很有出版情怀,他热心出版了《胡河清文集》,很令我敬佩。几年前,他还为我出过一册随笔集《书与画像》,彼此都很愉快。这次承蒙他的青睐,又邀我加入他主持的"渡"书系文丛,我便将这些文字以时间为序,结为一集,作为一种纪念。倒是为这本小书取个名字,竟颇费了些心思。说真的,连黄裳先生要给书话集子取个好名字,都感到有些苦恼,他在《银鱼集》的序言中感慨好名字都被他人用过了。后来我忽然忆起这些年买书和读书的往事,竟也有了"一枕书梦"这样的感慨,于是不妨用作书名也好。祖父生前曾预言我将来会写书,如今我果然出了好几本书,可惜他一本也未见到。

2017 年 6 月 23 日

辑二 | 掌故谈

施蛰存寻书一瞥

1986年,施蛰存八十一岁,与耶鲁大学东亚语言文学系孙康宜教授开始通信。双方书信多年后结集成一册《从北山楼到潜学斋》,其中多有论学之事,但也涉及一些颇为有趣的书事。尽管施蛰存当时已是耄耋之龄,但他依然读写不辍,且对于海外的新知十分关心,搜求典籍佳本的兴趣也颇为浓厚。1990年8月16日给孙康宜的信中写道:"我近来看书,皆消闲娱乐性质。你有看过的杂志或《纽约时报·文学副刊》(?),用平邮寄我一些,很欢迎。"1990年8月25日,孙即回信,谈到帮助施蛰存的孙女找到一册畅销儿童小说 *The Small Rain*,"并附上最近几期的 *Book Reviews*,是给您个人阅读消遣的"。随后又写道:"再过一些时日,我会用较大的盒子装些旧的 book reviews,用海运寄给您。"1990年9月30日,施蛰存去信,写他收到了孙寄来的书和报纸,并感慨:"伦敦 Times 的文学副刊,我在

1932—1936年是长期订户。承你送我,又见到五十年前的'老朋友',不免有些感喟。《纽约时报》的'书评周刊'也不坏,我看到×××一篇文章,还有一篇谈鲁迅杂文的,都有意思。以后有这类与大陆有关的文章,请你寄我,以资博闻。"

1993年6月13日,施蛰存写信给孙康宜,托上海戏剧学院教授叶长海从美国带几本书,并强调他择书的标准:"不要严肃的书,不要长篇大块的文章。我要消遣性的书,你看过的无用旧书就可以了,旧杂志也好,有图的更好。"6月14日,又特意写信给叶,嘱咐托其带书的事,并强调:"我要的书不定书名,只要一些消遣性的一般闲书,或报刊杂志,她看过的旧书亦可,不必特地为我去买新书,但千万不要长篇小说或严肃的文学理论书。"此时的施蛰存已经八十八岁了,他多次在信中感慨自己"感觉到老了",1993年11月29日给孙的信中写道:"我今年的体力大不如前,文字工作已渐停止,每日仅能看几份报纸及杂志。"此后,施还托孙买过 *Partisan Review*,但考虑后又不需要了:"这个刊物是托派刊物,现在苏联也垮了,这一批人也没有活动了。" *Partisan Review* 即美国号称"有深度的幽默杂志"《党派评论》。无论是《纽约时报·书评周刊》,还是英国的《泰晤士报·文学副刊》,或是《党派评论》杂志,都是西方一流的人文报刊。

施蛰存晚年的这种"随便翻翻"的阅读要求,还有一例。1991年1月30日,在给孙康宜的信中,施蛰存谈到了Paz,并写道:"我一向以为你是专研中国古典文学的女学究,想不到你会喜欢Paz,真是失敬了。早知你熟悉Paz,我早托你代买他的书了。一本新方向出版的'散文诗',我想了已十年,还未得到。这回要向你要了。我现在不会看大本书,有Paz的小品著作,也希望给我找一找。另外,给你一个书单,请随时物色,只要二手书就可以了。"施蛰存和孙康宜交流的作家Paz,应为墨西哥诗人和散文家帕斯(Octavio Paz),1990年获得诺贝尔文学奖。那本施蛰存"想了已十年"的帕斯著作,有可能是其代表诗作《太阳石》,漓江出版社1992年4月出版了此书译本,收入该出版社策划的"获诺贝尔文学奖作家丛书"。国内最早翻译出版帕斯的著作,应为1991年9月由北方文艺出版社出版的《奥克塔维奥·帕斯诗选》。在帕斯获得诺贝尔文学奖之前,国内对这位作家几乎了解很少,但施蛰存似很熟悉,并了解其在欧美的出版情况。

除了报刊和消遣类文学作品之外,施蛰存还有一个特别的趣味,便是对于英美情色文学作品的搜寻。1991年1月30日,在给孙康宜的信中写道:"Sade, Marquis, *120*

Days of Sodom,我想看此书,听说七十年代有新印本,这是一本秽书,我本来不便托你找,但现在知道你是一位开放型的女学人,大胆奉托,你不便去找,请改托一个知道此书的绅士代找。Sade 的书,我在卅年代有过一本 *Venus In Furs*,1980 年得到一本 *Justine*,只有这一本最 notorious 的没有见过。"1991 年 3 月 14 日的信中,收到孙康宜寄来的书,他复信写道:"你寄来的这册 Sade,好得很,120 Days 之外,还有别的作品,可谓内容丰富,卷首的序文已看过,本文尚未细阅。此书到 1935 年才公开印,但我在 1932 年已知有此人此书,大约也是从 Freud 或 Ellis 的著作中知道的。我以为至今只能找私印本,却想不到已印成大众化的纸面书。上次我的信中曾提到过一本 *Venus In Furs*,那是 Masoch 的作品,我记错了。这个 Masoch,如见有他的书,我也想再看一下。"

施蛰存提及的这两位作家的作品,一位为法国萨德的《索多玛的一百二十天》,另一为奥地利马索克的《穿貂皮衣的维纳斯》。从施蛰存信中所谈可以推测,这两本书之前他应该都曾读过。《索多玛的一百二十天》台湾商周出版社 2004 年出版过汉语译本。《索多玛的一百二十天》曾被意大利著名导演帕索里尼拍摄成电影,近年来曾在一些影碟店里可以看见有售卖的 DVD。这两本书都是很有名的"性虐"小说,后人甚至将两人的姓名各取一个字母,组成"SM",特表示性取向的虐待与受虐。施先生真有些"重口味"。这种"重口味"还体现在他曾向孙寻找欧美"春宫图",后来收到"*Erotica* 一册,书目三册"。对此,他在1994年1月23日的信中评论道:"*Erotica* 此书不好,看来这一类东西,印度第一,有性感;中国第二,好在蕴藉;日本第三,泼剌。西方作品,如此书所用,皆十分粗俗。其实,法国有好的,见过一本 *Casanova*,有插图,较好,但还比不上印度。"信中提及的书目,不知具体,或许系孙提供的搜书参考,施蛰存评价,"开了眼界,但实在也未有惊人之作"。

除了 Sade 和 Masoch 的作品之外,施蛰存晚年还有意搜寻一册名为"100 New Tales"的书,并由孙康宜为他找来了一册英文本。在1994年6月4日的信中,他又写道:"去年我托你代买一本 *The 100 New Tales*,是耶鲁大学出版的。此书为一老友借去,不久此人即故世,子孙不知,把他的书都卖光。我此书不可再得,想托你再买一本,书款将由我的儿子奉还。书名我已不记得,总之是 *Cent Nouvelles Nouvelles* 的译本。"后来翻阅《施蛰存全集》的书信卷,发现1994年5月19日在给老友彭燕郊的信中,也谈到此书:"我有一本影印本的'100 New Tales'《新故事百篇》的英译本在兄处否？我不记得是否曾寄上？原来我还有一个新版印本,故可将旧本送人,现在这个新版印本也失踪了,故想找一找。""我有一个老朋友周松龄,喜藏书,他借了我一批书去,去年冬季忽然无消息。今年春间其家属来电话,说已逝世。因此,我就无法取回哪些书,而我又不记录,不知书名。今日查书架上书,少了好几本'艳情书',连一本《香园》都没有了。人已下世,家属又不熟悉,无法去询问,更无法收回,实在痛惜。"

施蛰存念念不忘的这册 *100 New Tales*（《新故事百篇》）,后来终又得到。因为在1998年11月辽宁出版的《万象》杂志创刊号上,就刊登有施蛰存介绍此书的文章《给路易王子讲的故事》,并附录有施先生翻译的《聪明的尼姑》。后在一篇介绍法国中古文学的论文中了解到,施蛰存屡屡提及的这册 *100 New Tales*（《新故事百篇》）,百花文艺出版社1994年3月曾翻译出版过一册,改名为《新十日谈》。在《万象》杂志创刊号刊发的《给路易王子讲的故事》中,施蛰存写道："这是一部法国十五世纪故事集,原书名《新故事百篇》,译成中文可取名《百家情史》,以《法国中古话本小说》为副题。"施蛰存选译的这篇《聪明的尼姑》,系此书的第十五个故事,乃是以传统话本的形式来翻译的,故事诙谐又不失古雅。第十五个故事在施蛰存笔下,变为"第十五话",

而故事中的修道士,则在他的笔下变成了东方的"僧人",修女变成了"尼姑"。对读《新十日谈》这个译本,其中很多男女交欢的描写,译得俗气而直白,读来乏味。借用施蛰存给孙康宜信中评价英译本的话来说,也便是"未免失去了中古文学的特征"。

2020 年 7 月 31 日

台静农的文章与酒

《龙坡杂文》本是一册旧书,出版于1988年,其时台静农八十七岁,两年后作者就因病去世了。我读的这册,则是2015年10月由河南海燕出版社出版的,收入《台静农全集》之中。台静农本系台湾大学中文系主任,同时又是"五四"后的知名小说家,但从《台静农全集》的收录情况来看,台静农生前对于文字要求极严,并不轻易下笔,这册《龙坡杂文》算是其散文的总结之作,也不过是十九万字。有趣的是,我读这册集子,涉及其忆旧悼亡之作,发现台静农往往会写到饮酒一事。在这册集子之中,便收有一篇他作于1947年10月的随笔《谈酒》,其中写道他对于酒的态度:"我是爱酒的,虽喝过许多地方不同的酒,却写不出酒谱,因为我非知味者,有如我之爱茶,也不过因为不惯喝白开水的关系而已。"这篇文章的开篇写到他的朋友曾对他提及青岛有种苦老酒,后来经从青岛为他带了两瓶来,他立时打开品尝："果真是隔了很久而未忘却的味儿。"

除了这篇专作的《谈酒》，台静农还写过一篇《我与老舍与酒》，但未收在这册《龙坡杂文》之中。这篇文章发表于1944年9月的《抗战文艺》九卷三、四期合刊，乃系重庆的朋友要筹备老舍写作二十周年的纪念，他也便写了这篇文章说了一通"酒话"，并希望"老舍兄还春纪念时能不能写出像《骆驼祥子》那样的书"。同样有趣的是，这篇文章中也谈及了一种如《谈酒》中的苦老酒，那是他与老舍的第一次见面，时间是在秋末冬初，在一家老饭庄。关于这种苦老酒，台静农形容如下："我们便厮熟了，常常同几个朋友吃馆子，喝着老酒，黄色，像绍兴的竹叶青，又有一种泛紫黑色的，味苦而微甜。据说同老酒一样的原料，故叫作苦老酒，味道是很好的，不在绍兴之下。直到现在，我想到老舍兄时，便会想到苦老酒。"随后又写了他们在抗战流离中在重庆相遇，他们两次喝酒的难忘经历。显然，台静农以饮酒来写国难之中的文人情谊，可谓既老又苦矣。

也是这篇《我与老舍与酒》，倒又使我想起了台静农先生的弟子林文月的一篇文章来。林文月写过一篇向台静农的《我与老舍与酒》致敬的文章，名为《饮酒及饮酒相关的记忆》，收入她的文集《拟古》之中。在这篇文章中，林文月写到了她与相近的亲朋、师友与家人的饮酒往事，其中便有关于台静农的一段记忆,颇为动人:"我个人与台先生在温州街的日式书房内喝酒最多,也最难忘怀。台先生好酒量,却似乎颇能节制,我们未尝见他醉过。但据他自己说,从前在北京、在青岛、在重庆,也常常喝醉,也曾闹过一些笑话。谈及饮酒醉否时,台先生最喜欢引述的是胡适之先生的名句:'喝酒往往不要命。'近日来读陈子善、秦贤次两位合编的台先生早年佚文集《我与老舍与酒》,果然,里面有几篇及于当年的酒事,令人想见一个时代的文人们清苦中作乐的情况。"林文月还有一册《饮膳札记》,其中也有多篇写到她与其师台静农对酌的情景,往事历历,师徒情深,岁月如酒。

如此看来,台静农是善饮的,但读他关于饮酒的记述,却往往是令人心中充满一种苦涩的感受。印象最深的莫过于关于怀念乔大壮的一篇《记波外翁》。台静农说乔大壮本系魏建功邀请来台湾大学中文系任教的,本来是为了避开一些是非的,但在台湾"竟有置身异域之感"。在与乔大壮的接触中,台静农说他在吃饭时不吃菜,只喝酒,甚至春节在家中,"从除夕起,就喝高粱酒,什么菜都不吃。灯前他将家人的相片摊在桌上,向工友说:'这都是我的儿女,我也有家呀。'"后来乔大壮被邀请主持台大中文系,但不久便决定返回上海,这却是永远的诀别。对于乔大壮的离世,台静农评价说:"一个旧时代的文人,饱受人生现实的折磨,希望破灭了,结果所有的,只是孤寂、愤世、自毁。"而对于乔大壮沉浸于饮酒之中,台静农则认为其中有"个人的寂寞、时事的悲观,感情也极为沉重",对于时局也颇多指责和不满,因此,"酒人何尝麻木,也许还要敏感些。"

台静农渡海来台,本是暂作打算之举,但没想到此一番来台,却终身未归故里。台静农曾为他在台大的宿舍起名为"歇脚盦",乃是"既名歇脚,当然没有久居之意"。后来无法归去,便请张大千为他的宿舍写了一个小匾,名为"龙坡丈室"。对于这种区别,他在《龙坡杂文》的序言中写道:"落户与歇脚不过是时间的久暂之别,可是人的死生契阔寄寓于其间,能说不是大事。"这其中包含着多少的深意和情感,是可以意会却难以言传的。台静农到台湾后,有一事是对他刺激极大的,便是与他一样同鲁迅深有所交的许寿裳惨遭谋害。台静农在一九四八年发表的文章《追思》上便写了他对于许寿裳之死的感慨:"以先生为人,得到这样的死法,真不可解,可是先生竟是这样的死去了!"为此,他在文章中还不无感伤地回忆生前与许寿裳一次会面的印象:"未进客厅,就在廊下匆匆说几句话,先生站在廊上,映着阳光,面色非常温润,当时心想,像先生这样神情,一定要享大年的,谁知道不过十个小时以后,竟给我们以永生忘不了的惨痛!"

台静农晚年任教于台湾大学,却几乎放弃了写作一途,除了偶作文字之外,书法艺术是他的最重要的消遣方式。而由此他深交了张大千和庄慕陵两位知己。张大千系知名书画家,身份威望皆重,无须多谈,而后者则与台静农有相同的身份。台静农有多篇文章写他的这位亡友,其中也应有他自己的影子。在《伤逝》一文中,他写到了张大千与庄慕陵两位友人的去世,尤其后者,台静农写的竟是在庄氏去世前两人一起喝酒的往事。此时的喝酒,对于庄慕陵来说已是于病体不利了,但他依然要在饭桌前放一杯掺了白开水的酒。这种做派,台静农认为是"结习难除","表示一点酒人的倔强"。到了病情加重不能起床之时,他的这位朋友还不能忘情于酒,老朋友看他依然要让家人送上一杯酒,对此,台静农颇为惆怅地写道:"当我一杯在手,对着卧榻上的老友,分明死生之间,却也没生命奄忽之感。或者人当无可奈何之时,感情会一时麻木的。"

关于庄慕陵这位朋友,《龙坡杂文》中还收有两篇,一为《记"文物维护会"与"圆台印社"——兼怀庄慕陵先生二三事》,另一则为《〈六一之一录〉序》。前文乃是故友离世后,台静农追忆其曾在"文物维护会"中参与保护文物以及组织"圆台印社"的雅兴,以彰显其文人之情怀和境界。后文本系序言一篇，徐徐散淡，却颇能写出故人的神韵，竟令我想到魏晋人物的神态。庄慕陵的这册《六一之一录》的书名，乃系其六十一岁时效仿欧阳修六一之义，亦以六一为名，其中"六一"乃每日必定静坐、打拳、散步、写字、饮酒与其本人。此文谈及庄慕陵书法的造诣精深，并谈及其曾在清点故宫文物时发现了宋徽宗的瘦金书，并"偶尔临摹，大有兴会"，但后来其又因有缘得识叶公超友人所藏的赵松雪楷书长卷《妙严寺记》，"日置案头，摩挲临写，潜心专力了三个月，竟能与松雪形神无间，大为朋友们所称许"，随后他的趣味又转向了《好大王碑》。

关于庄慕陵与《好大王碑》的记叙，真真可以媲美《世说新语》。台静农说庄慕陵在 20 世纪三十年代曾在北平琉璃厂的厂西门张樾丞的同古堂看到有正书局的《好大王碑》，甚为喜欢。他曾请张樾丞摹写碑文中的"庄严"二字，制版印成了名片；后来到了台湾，听说台北沈君藏有此碑的旧拓，于是辗转结识并商量"割爱"，最终如愿。"此碑未到手前，慕陵为之寝食不安，既到手后，又为之骚动许多日。此碑拓本分裱十六幅，每幅长一丈二尺，慕陵的洞天山堂素壁挂不起，只有每幅摊在桌上欣赏，随看随卷，甚是辛劳。友朋自台北来求观者，还得接待酒食，家人不免其烦苦，而慕陵大乐。"此段描述，可谓精妙绝伦，颇得神采，极得魏晋风骨。台静农知友也懂书艺,他介绍此碑来历与艺术风格,乃晋人碑刻,清人发现,并言其乃民国名流许世英的旧藏,而故友庄慕陵"既得此碑,临写数周,偶作榜书,居然有大王雄风"。

2016 年 5 月 8 日

钱锺书翻译举隅

厦门大学谢泳教授赠我新作《钱锺书交游考》,其中收录一篇《李慎之编〈钱锺书先生翻译举隅〉》,我很感兴趣。谢泳在这篇文章中介绍了他收藏的《钱锺书先生翻译举隅》,此系时为中国社会科学院副院长的李慎之于1989年编选,主要收集《谈艺录》和《管锥编》的英文中译。谢泳的文章重点谈论了李慎之编选此资料的动因和心态,认为"从这件小事中也可以判断当时李慎之先生的心情,这件学术工作中,寄托了李慎之先生对钱锺书先生的敬意,也反映了他们这一代知识分子的时代情绪。"可以说,谢泳的这篇小文章着墨更多的,其实是作为编者的李慎之。而由此,使我也对李慎之编选的这册《钱锺书先生翻译举隅》更感兴趣。《举隅》为油印本,未公开印行。谢泳在文章最后写道:"因为这个材料并没有完整出版,从保留史料的角度看,应当找机会把它完整印出来,这对以后钱锺书研究也是有好处的。"此文谢泳撰写已数年,但李慎之编选的这个资料并未出版。我求助于网络旧书店,也是收获寥寥。孔夫子旧书网曾高价出售过一册,另一个名为宣南书局的网上书店也曾进行过一次拍卖,并注明为"沈昌文旧藏"。

谢泳在文章中还写道,《万象》杂志1998年曾编过一册《万象译事》,刊发过《钱锺书先生翻译举隅》,且只是涉及《谈艺录》部分的内容,不过原编内容的四分之一。我很快在孔夫子上订购了一册《万象译事》,得以读到此编的《谈艺录》部分内容。《万象译事》对此文的编者特别注明为"李慎之,一九八九年六月",而网上的拍卖的资料图片显示,《钱锺书先生翻译举隅》的编者署名为"中国社会科学院美国研究所,一九八九年六月"。在此编者按语中,李慎之写道:"钱锺书先生当代硕学,其博学多闻,覃思妙虑,并世罕俦。世人咸知先生通多国文字,顾先生鲜有译作,唯于著作中援引外国作家之语类多附注原文,学者于此得所取则。唯零金碎玉检索不易,爰特搜集成册,以便观览。后生末学得窥云中之一鳞,证月印于千江,则此轶之辑为不虚矣。"中国现代以来文人论学作文,能够直接援引外国学者论著且自译为文者,钱锺书之外,印象最为深刻的是周作人。这种在著作中援引自译外文资料,一方面显示出论者的眼光,很可能阅读的资料尚无他人顾及,另一方面也有论者的清高之处,不愿意或不屑直接采用他人的翻译成果。

需要特别注意的是,《谈艺录》系钱锺书青年时代的学术著作,而《管锥编》则系钱锺书晚年的著作,对读这两书的译文,也可见识钱锺书在翻译上的细微差别。余光中在文章《论的的不休》中曾对钱锺书《谈艺录》中的翻译予以评论,他先引用了《谈艺录》增订本中的一段:"偶检五十年前盛行之英国文学史巨著,见其引休谟言'自我不可把捉'(I never can catch myself)一节,论之曰:'酷似佛教主旨,然休谟未必闻有释氏也'(The passage is remarkably like a central tenet of Buddhism, a cult of which Hume could hardly have heard. —O. Elton, *A Survey of English Literature*.)。"余光中继而评论说:"这句话换了白话文来翻译,就不如钱译的文言这么简练浑成。其实无论在《谈艺录》或《管锥编》里,作者在引述西文时,往往用文言撮要意译;由于他西学国学并皆深邃,所以译来去芜存菁,不黏不脱,非仅曲传原味,即译文本身亦可独立欣赏,足称妙手转化(adaptation),匠心重营(re-creation)。"余光中精通英文,中文亦为圣手,评价钱锺书译文,堪称妙笔。李慎之编选《钱锺书先生翻译举隅》,也收录此条,但仅收休谟的"自我不可把捉"语。

在文章《论的的不休》中,余光中还论及钱锺书《谈艺录》的另一早年译文:"拜伦致其情妇(Teresa Guiccioli)书曰:'此间百凡如故,我仍留而君已去耳。行行生别离,去者不如留者神伤之甚也。'(Everything is the same, but you are not here, and I still am. In seperation the one who goes away suffers less than the one who stays behind)。"余光中继而论之:"这一句情话,语淡情深,若用白话文来译,无非'一切如常,只是你走了。而我仍在此。两人分手,远行的人总不如留下的人这么受苦。'文白对比,白话译文更觉其语淡情浅,不像文言译文这么意远情浓,从《古诗十九首》一直到宋词,平白勾起了无限的联想、回声。也许有人会说不过是一封情书罢了,又没有使用什么 thou, thee, thy 之类字眼,犯不着译成文言。其实西文中译,并不限于现代作品,更没有十足的理由非用白话不可;如果所译的是古典,至少去今日远,也未始不可动用文言,一则联想较富,意味更浓,一则语法较有弹性,也更简洁,乐得摆脱英文文法的许多'虚字',例如关系代名词 who,关系副词 when, where,或是更难缠的 of whom, in whose house 等等。的的不休,不可能出现在文言里。"

《谈艺录》中还有钱锺书的诸多妙译。在《钱锺书先生翻译举隅》中,我最喜欢的,有两则,其一为:"得与其人一觌面、一握手,胜于此等枯寒笔墨百函千牍也。噫!——兰姆

(Charles Lamb)与友(Thomas Manning)书",英文原文为:"O! One glimpse of the human face, and shake of the human hand, is better than whole reams of this cold, thin correspondence, etc.—*Works*, ed. E. V. Lucas, VI, 175."读这句话,不由得想到清人龚自珍的一句诗:"游山五岳东道主,拥书百城南面王。万人丛中一握手,使我衣袖三年香。"此中所论,意蕴甚是相当,亦可见钱锺书在《谈艺录》序言中所论:"东学西学,道术未裂;南海北海,心理攸同。"另一则我甚喜爱的译文为:"词意位置得当,文章遂饶资致。"英文原文为:"Grace of style comes from arrangement."钱锺书的翻译,颇有将西方文论转化为《文心雕龙》的意味。对于一些英文词语的翻译,钱锺书也是令人称叹,如 inspiration,译为"落笔神来之际";再如 ear pleasure,译为"悦耳";还有 mental fictions,译为"乱真",等等。李慎之在纪念文章《送别钱锺书先生》中也曾有所论及:"现在时髦青年老爱挂在嘴边的'解构'(deconstruct)一辞,原来还是钱先生应别人之请翻译的。"

我的老师陆文虎先生收藏的钱锺书研究资料十分丰富,发信问他是否收藏有《钱锺书先生翻译举隅》,他回答有电子版,随后便发来了《谈艺录》和《管锥编》两部分的译文"举隅",其中《谈艺录》部分与《万象译事》刊载内容一致,而

《管锥编》部分共收录93条。我问陆师此部分内容与李慎之编选的《举隅》内容是否一致,他答说《管锥编》里译例很多,李慎之只是"举隅"而已。陆师还强调,除了英文,《管锥编》中还有德、意、西、法等国文字,故而由此略窥一二即可。陆师潜心"钱学"多年,编辑三联书店《谈艺录》,早年又曾编著《管锥编谈艺录索引》,故而对钱锺书的著作是十分熟悉的。读《管锥编》中的译文举隅,其中有两条我最喜爱。其一为:"The light lonely touch of his paddle in the water, making the silence appear deeper."钱锺书翻译为:"孤舟中一人荡桨而过,击汰作微响,愈添毕静。"读此一段,佩服钱先生将西文翻译成了中国笔记小品,令人想起苏东坡和张岱,其中不乏一种特别的孤独之感;又如中国古诗之意境,令人想起唐常建的《题破山寺后禅院》,"万籁此都寂,但余钟磬音",真可谓诗中有画,动静结合,意味深长矣。

《举隅》中另一则《管锥编》钱锺书翻译,亦为我所爱。引用的原文如下:"Darkness came down on the field and the city: and Amelia was praying for George, who was lying on his face, dead, with a bullet through his heart. (Thackeray, *Vanity Fair*, ch. 32, ed, G. and K. Tillotson)"钱锺书翻译为:"夜色四罩,城中之妻方祈天保夫无恙,战场上之夫仆卧,一弹穿心,死矣。"短短一句,经钱

锺书翻译后，可视为一篇短小说，且极具画面感，又如战争电影的蒙太奇切换，最后"死矣"二字，真真是无可奈何也。此亦令人想起唐陈陶诗《陇西行》："誓扫匈奴不顾身，五千貂锦丧胡尘。可怜无定河边骨，犹是春闺梦里人。"止庵在文章《春夜讲唐诗记》中因此诗有所触发，同样可以用来读解钱锺书翻译的这段文字："那些春闺梦是暖暖的、长长的，太阳升起犹迟迟未醒，同一个太阳也照耀着具具白骨，而这曾是一个个年轻、强壮、用'貂锦'装扮得漂漂亮亮的将士。一具白骨对应一处春闺，一位梦里人。我把这意思说与友人史航，他说，'可怜'也是要乘以五千的。"

2020 年 8 月 11 日

杨绛的"隐身衣"

杨绛的《将饮茶》由三联书店初版于 1987 年,1992 年还由中国社会科学出版社再版。后一版本我很喜欢,整体设计甚是小巧清雅,小 32 开本,白色封面,由钱锺书题签并钤印,封面上采用一丛淡绿的竹叶作为底图,其他别无装饰。这书还有一个值得留意的地方,乃是编辑为文学评论家白烨,这是某次我与他在青海西宁的街头聊天后才得知的。全书由六篇文章组成,其中包括四篇长文,分别是《回忆我的父亲》《回忆我的姑母》《记钱锺书与〈围城〉》《丙午丁未年纪事》,另有短文《孟婆茶》一篇,被杨绛称为"胡思乱想,代序",还有被她称为"废话,代后记"的短文一篇,为《隐身衣》。前两篇文章本系应中国社会科学院近代史所的邀请所写的"小资料";《记钱锺书与〈围城〉》一篇则据杨绛介绍,乃是因为钱锺书的小说《围城》在国内重印后引起了不少人的兴趣,加之胡乔木也建议她写一篇《钱锺书与〈围城〉》,以便"能供《围城》的偏爱者参考之用"。此三篇外,唯有长文《丙午丁未年纪事》一篇没有注明写作的缘起,但此书主要写其"文革"之前的遭遇,随后作者便到了干校,由此推断很有可能源于《干校六记》写作后的余兴未了。

我原本粗读这个小册子,对于题目中的"将饮茶"三字未曾深味,后来读完全书,才体会到这里的"饮茶"绝不是一杯清茶这么简单。杨绛在代序《孟婆茶》中谈及她梦中的一件事情,便是她正乘坐一列露天的火车,随着众人一起被送往西天,而在途中要一起喝一杯"孟婆茶",如果喝了这茶也便忘记了一生所有的人事,就在即将送到茶楼上时,她从那传送带上跳了下来,结果梦醒了。《孟婆茶》是杨绛72岁高龄时写下的一篇自认为是"胡思乱想"的文章。对于普通人来说,这样的高龄,也便是"走在人生的边上了",因此杨绛大有在将要饮了这"孟婆茶"之前,奋力跳下那"传送带",就是因为她要在忘记人间的世事之前,也把这些往事都记下来。因此,这几篇文章看似都有所因缘,但也是作家与死神赛跑而完成的,由此可见杨绛对于这几篇文章的特别在意。如此,再来看看书末的短文《隐身衣》,则又是另一番的意味,表达的是此书的中心主题,即能够有一身"隐身衣","消失于众人之中,如水珠包孕于海水之内,如细小的野花隐藏在草丛里,不求'勿忘我',不求'赛牡丹',安闲舒适,得其所哉"。

正是这般看来,似乎才读懂了这册薄薄的册子。杨绛写其父亲杨荫杭一篇最为动情。其父杨荫杭的简历,杨绛开篇便一一道明:"十九岁考入南洋公学,二十一岁由官费派送日本留学。回国后因鼓吹革命,清廷通缉,筹借了一笔款子,再度出国赴美留学。""他在辛亥革命后做了民国的官,成了卫护'民主法治'的'疯骑士'——因为他不过做了一个省级的高等审判厅厅长,为了判处一名杀人的恶霸死刑,坚持司法独立,和庇护杀人犯的省长和督军顶牛,直到袁世凯把他调任。他在北京不过是京师高等监察厅长,却把一位贪污巨款的总长许世英拘捕扣押了一夜,不准保释,直到受'停职审查'的处分。我父亲声称他没有违反宪法。审查结果,他确实完全合法,官复原职。他就辞职回南了。"这大概也便是其父亲一生的主要经历了,杨绛在这篇文章的第一段就全部谈完了。可以说,她的这篇文章并不是要谈父亲的这些丰功伟业和华彩篇章的,或许在她看来这些都并非重要。

长文《回忆我的父亲》重点谈的是作为女儿杨绛眼中的父亲,因此谈的多是亲情,是修养,是情操,是风云变幻年代里一个家庭的坚守与离散,由此也让我们感受到了一位父亲的慈爱、威严、善良,也是一位极有现代思想、独立人格和精神风骨,又能够出淤泥而不染的知识分子。但就是这样一个令人尊重的书生,杨绛却在文章中的结尾处这样写道:"我常和锺书讲,我父亲如果解放后还在人间,他会像'忙人'一样,成为被'统'的'开明人士'呢,还是'腐朽的资产阶级'呢?父亲末一次离开上海的时候,曾对我卖弄他从商店的招牌上认识的俄文字母,并对我说:'阿季,你看吧,战后的中国是俄文世界。'我不知道他将怎样迎接战后的新中国,料想他准会骄傲得意。不过,像我父亲那样的人,大概是会给红卫兵打死的。"杨绛的父亲杨荫杭没有活到1949年,但杨绛猜她的父亲一定会"骄傲得意",而结果"大概是会给红卫兵打死的"。读到此处,我似乎才真正明白了杨绛写那篇《隐身衣》的深切用意。

如此,我读那篇《丙午丁未年纪事》便有了更深刻的体会,也终于明白了我长久萦绕在怀的一个心结。我曾和一些朋友探讨过这样一个相同的问题,如果我们今天再面对"文革"这样的灾祸,究竟该怎么办?一位读过北大的朋友直接告诉我,如果她一有这种预感就直接上吊了事,没什么可说的。我敬佩她的勇敢和决绝,但也绝不赞同她的这种做法,可也毫无办法。直到我认真读了杨绛的这篇文章,我倒是觉得应该向她推荐的。可以说,《丙午丁未年纪事》便是一个最好的答案。杨绛在这篇文章中,以极为冷静又不失幽默的笔调写了她遭受的诸多折磨,诸如被批斗、游街、打扫女厕所、被剃成阴阳头,等等,有些可以说是刻骨铭心的。诸如批斗,她说有一天晚上,大院的"牛鬼蛇神"都被遗弃挨斗,"有人用束腰的皮带向我们猛抽","我的头发给剪去一截。斗完又勒令我们脱去鞋袜,排成一队,大家伛着腰,后人扶住前人的背,绕着院子里的圆形花栏跑圈儿;谁停步不前或直起身子就挨鞭打"。再如,她被一位"用杨柳枝鞭我的姑娘拿着一把锋利的剃发推子",剃光了半个头,成了"阴阳头",杨绛特意强调说,"那是八月二十七日晚上"。

的确,那是一个黑白颠倒、群魔乱舞的时代,杨绛和钱锺书共同的朋友傅雷夫妇自杀了,被称为"人民的艺术家"老舍也自杀了,但杨绛和钱锺书却因为穿上了一种自制的"隐身衣",渡过难关,活了下来。那么,不妨看看杨绛和钱锺书究竟是怎样应对这些难关的,他们又有着什么秘诀。先来看看他们制作自己罪证的牌子,杨绛如此写道:"我们草草吃过晚饭,就像小学生做手工那样,认真制作自己的牌子。外文所规定牌子圆形,白底黑字。我给默存找出一块长方的小木片,自己用大碗扣在硬纸上画了个圆圈剪下,两人各按规定,精工巧制;做好了牌子,工楷写上自己的一款款罪名,然后穿上绳子,各自挂在胸前,互相鉴赏。"已经被

"揪出来"作为"资产阶级反动学术权威",但并不显得难过,反而"像小学生做手工那样"制作自己的牌子,完成后还与丈夫钱锺书各自挂在胸前,"互相鉴赏"。对于这一场景,杨绛还评价他们当时的心情,乃是:"我们都好像阿丽思梦游奇境,不禁引用阿丽思的名言:'curiouser and curiouser!'"

再如被剃"阴阳头",按说已经是奇耻大辱了。杨绛说她按照"兵来将挡,火来水挡;总有办法"的思维,在上楼的时候"灵机一动",想出一个办法来,就是用她的女儿几年前剪下的两条大辫子,"费了足足一夜的功夫,做成一顶假发",由此还笑着说:"小时候老羡慕弟弟剃光头,洗脸可以连带洗头,这回我至少也剃了半个光头。果然,羡慕的事早晚会出现,只是变了样。"结果自己戴假发却遭遇了很多革命群众的揭发,不能上街买菜,于是与钱锺书换了去买煤球,煤场的工人因为认识她,悄悄给她送了一车煤。对于这种生活的境遇,杨绛说她当时的心境,乃是"反正'我自巍然不动'","打我骂我欺负我都不足以辱我,何况我所遭受的实在微不足道。至于天天吃窝窝头咸菜的生活,又何足以折磨我呢。我只反复自慰:假如我短寿,我的一辈子早完了,也不能再责望自己做这样那样的事;我不能像莎士比亚《暴风雨》里的米兰达,惊呼'人类多美呀。啊,美丽的新世界……!'我却见到了好个新奇的世界。"

打扫女厕所是杨绛接受改造的主要任务,但她却评价这个分给她的"劳动任务很轻",并且感叹:"这回我至少可以不'脱离实际',而能'为人民服务'了。"这两间女厕所杨绛不但收拾擦洗得"焕然一新",却还"有意想不到的好处",就是看到外来的红卫兵,自己担心被揪住问罪,于是赶快躲到厕所里。这一招还真管用,她特意评价说:"真没想到女厕所也神圣不可侵犯,和某些大教堂、大寺院一样,可充罪犯的避难所。"另一个让她意想不到的是,她还可以把家中的一些可能会惹来麻烦的字纸罪证带入厕所,塞在脏纸篓里,然后倒入焚化脏纸的炉里烧掉。对此,她打趣说:"假如我是特务,收拾厕所就为我大开方便之门了。"还有意想不到的事情,就是可以尽量把厕所收拾得没有臭味,然后"随时可以进去坐坐","休息一会",甚至还可以把夜里抄写下来的诗词拿出来读一读;而更令她"意想不到的妙处",则是因为打扫厕所,可以由此看见自己不喜欢的人,干脆呆着脸理都不理,"绝没有谁会责备我目中无人,因为我自己早已不是人了"。

最有趣的莫过于"精彩的表演"一节。如谈及陪斗,杨绛说有次大院里批斗何其芳等"黑帮","气氛很紧张",但她"却困倦异常","低着头只顾瞌睡":"台上的检讨和台下的呵骂(只是呵骂,并未动武),我都置若罔闻。"后来被叫上了舞台,却也"学得诀窍":"注意把帽子和地平线的角度尽量缩小,形成自然低头式。如果垂直戴帽,就得把身子弯成九十度的直角才行……""我把帽子往额上一按,紧紧扣住,不失掉落,眉眼都罩在帽子里。我就站在舞台边上,学马那样站着睡觉。谁也不知我这个跑龙套的正在学马睡觉。"后来杨绛说她还被"游街"过一次,她说当时虽然没人给照相摄入镜头,但她却能学孙悟空让"元神"跳在半空中,观看自己那幅怪模样,更可笑的是背后还跟着七长八短的戴高帽子的"牛鬼蛇神"。对此一场景,她说:"那场闹剧实在是精彩极了,至今回忆,想象中还能见到那个滑稽的队伍,而我是那个队伍的首领!"对于这件事,杨绛在文章中写道:"你们能逼我'游街',却不能叫我屈服。我忍不住要模仿桑丘·潘沙的腔吻说:'我虽然'游街'出丑,我仍然是个有体面的人!'"

类似这样的细节,杨绛着实在这篇文章中写了不少,诸如"纠缠"革命群众,寻找机会"钻空子",辨识"披着狼皮的羊"的群众,等等。但值得一提的还有"帘子和炉子"一节,颇为生动,也是极具象征意义的一个细节。在此一节中,杨绛写道他们这些"牛鬼蛇神"被集中在大院楼上东侧的一间大屋子里进行学习改造,那个屋子有两个朝西的大窗,窗前挂着芦苇帘子。收拾屋子时,他们本来打算撤掉帘子让屋子更轩亮一些,但杨绛说她大胆献了一计,就是别撤帘子。其他作为"难友"的"牛鬼蛇神"很不解,原来"隔着帘子,外面看不见里面,里面却看得见外面"。结果那两个帘子就一直挂着,因为"有帘子隐蔽着,又没有专人监督,实在很自由",他们这些"牛鬼蛇神"可以"专心学习马列经典,也不妨传阅小报,我抽屉里还藏着自己爱读的书",如果革命群众有事来找,"等他们进屋,准发现我们一个个都规规矩矩地伏案学习呢"。这些小小细节看似荒诞,但由此可以看出一种无所畏惧的智慧和勇气,其实还是一种自甘卑微的隐身哲学,也就是"身处卑微,人家就视而不见,见而无睹",从而"可以保其天真,成其自然,潜心一志完成自己能做的事"。用苏东坡的话来说,就是"万人如海一身藏"。杨绛说她很喜欢读这句诗。

2016 年 5 月 1 日

"下种子一样"

之前未曾读过鲲西的著作。2014年底,鲲西去世,读了上海作家躲斋发表的纪念文章,才买到了他的一册集子《三月书窗》。此书仅171页,12万字,系其生前出版的第一册随笔集,其时鲲西已81岁。文史学者钱伯诚在此书的序言中对鲲西有一段非常概括的评价:"鲲西早年多从老师大儒游,含英咀华,学养素厚,但不轻易为文。他是自八十年代起方较多地写些文章的,但亦不苟作。他博览群书,中外兼修,尤邃于西学。每拈一题,议论出入今古,精义迭出,启人心智。"我读鲲西的这册著作,确如钱伯诚所评价,文章精深高妙之处,回味再三;遗憾我读鲲西的文章太晚,幸好其文章的光华尚在。而我又读此书的后记,被其中一句话深深感动,以为这也是认识鲲西人与文的一种很好的途径:"书和其他艺术如音乐、绘画都靠朋友之间相互传递信息,我把这叫作种子,我之得读亨利·詹姆士和 E. M. 福斯特小说皆出于卞之琳的推荐和介绍,所以别人影响我的,我也会影响别人,这就是如下种子一样的作用。"

收入《三月书窗》之中的,多为书评和忆旧文章,其中书评文章皆有特色,用鲲西的话来说:"书评是一门艺术,它要言之有物,文不宜长,它又必须具有作者个人的风格。"接着他又举例:"四十年代我最欣赏叶公超先生写的叶芝编的《牛津现代英诗选》一篇长评,发表于《文学杂志》,谈英诗如数家珍,叶集已出,读者不妨一读,定信所言不虚。"我这里抄此一段,恰巧想到了鲲西关于读书"如下种子一样的作用"的善德。由此我才发现,几乎在所有的书评文章和回忆文章中,他都以极为巧妙的方式向读者推荐优秀的文章,其笔尖流露着深厚的功底和浓浓的感情。在文章《古罗马寺旁的沉思》一文中,鲲西谈其读《吉本自传》的心得,其中特别强调道:"书是这部自传最常见也最动人的话题,吉本对于书所洋溢的热烈的喜爱几乎贯穿于自始至终的叙述中。"并进一步评价写成六大卷《罗马帝国衰亡史》的吉本对于今人的启示:"吉本的书,他的一生从不改变其初衷的对于书的热情,或许是现代人的一帖清凉剂。"

鲲西 1938 年毕业于清华大学社会学系,这一求学的经历影响了他的一生,也是他晚年念兹在兹的事情。在《古罗马寺旁的沉思》一文的结尾,鲲西谈到了他最初接触吉本著作的经过,并由此使他在晚年倍感散播好书的功德,而这一段也是极为动情也十分优美的篇章,摘抄如下:"我之得知吉本已是五十多年前的事了。在战争第二年,北方三校的文法学院再从长沙和南岳迁往云南蒙自。蒙自曾是西南边上重要的海关驻地,我们到那里时海关已撤销,却留下几所漂亮的洋房,做了校舍。虽然烽火连天,这平静的小城却弦歌不断。何况三校名师教授相继汇集于此,更是令人兴奋。我自己则听本系陈通夫先生在课堂上大讲斯宾塞和人口问题,又去听了钱宾四先生的中国史,然而印象最深的是叶公超先生。我作为非文学院学生,贸然去旁听他的十八世纪英国文学。吉本正是在那课堂上听到的。叶先生每次进去教室,必口衔烟斗以流利英语作开场白,讲到兴酣时杂以中国话。记得他曾比划说吉本怎样排比搜辑到的各种史料。他的极饶有风趣的讲课,加上那高度的文学艺术修养,正如其文章一样令人心悦难忘。"

除了这段对于西南联大的回忆之外,鲲西还先后写过《清华园感旧录》《续清华园感旧录》《再续清华园感旧录》《记潘光旦师》等关于清华园的忆旧文章,而这些文章的最大感慨,便也正如他在《古罗马寺旁的沉思》一文末尾所论述的那样:"种子是那时播下的,但师长的诱导难以忘却,而当时战火中的小城居然保持着不倦的小城风气又是历史中最难忘记的一页。"在《清华园感旧录》一文中,他以深情的笔调回忆了清华历史系读书时的丁则良,也简要谈论了丁则良1957年从莫斯科留学归来后,因为被打成右派而自沉于燕大未名湖的悲剧,但在鲲西来说,他念念不忘和更为愿意告诉今天读者的是丁则良的一篇翻译佳作:"他翻译的英国散文家赫德森(W. H. Hudson)一篇题为《在克劳默海滩》的散文,好像在他们之间产生了一种掩存于心中的秘密,一种无言的相识,这是写少女的早熟的美,我极喜欢此文,一半由于译文的优美和对于丁君的怀思。"鲲西说丁则良的此篇翻译,是留给他的"一个纪念"。

虽然就读于清华大学社会学系,但显然,鲲西对于文学是怀有很深的情感的。除了上面谈到的外文系的叶公超先生的影响,鲲西对于毕业于清华大学外文系又曾在清华外文系任教的钱锺书也充满敬佩之情。他先后写过多篇关于钱锺书著作的书评文章,《诗·画·音乐》一文是对于钱锺书《旧文四篇》一书的评论,但鲲西在此文中重点谈了其中的一篇《通感》。为了讲清"通感"这一概念,他特别举例了英国小说中的两个极好的例子来说明,其中一则,我读后印象非常深刻:"阿尔达斯·赫胥黎(Aldous Huxley)的《旋律与对位》(*Point Counter Point*)描写室内乐演奏巴哈的B小调弦乐和长笛组曲,作者巧妙地使我们感觉到好像长笛的音响也在空气中振荡一样,而在赋格曲乐章中当不同声部交替出现时,作者简直就使大提琴、小提琴和长笛仿佛具有一种人格化的形象。这是一次美妙的室内乐演奏会,又是一个交际的场合,音乐的气氛和听众的反应是这样生动地被融汇成一体,对于音乐的描绘这不失一段精彩的篇章。"

《读钱札记》是关于钱锺书先生的又一篇读书随笔,历数他读钱先生的几册著述的心得和体会,而我读后觉得他对于钱先生早年散文集《写在人生边上》的分析最为深情也最为精到,深情是因为其中凝聚着自己当初读钱先生作品的记忆,精到则或许是因为他也是对于散文写作别有慧心,因而才能心有灵犀。关于钱先生的散文《魔鬼夜访钱锺书先生》,他说"其初发表时引起的轰动,是我记忆中最深的",而他又是这样形容这篇文章当初引起的轰动:"平静的昆明好像无端引来一泓涟漪,人们想问的是什么是这篇奇文背后的作者的灵感由来。"对于这篇散文的妙处,他一步步地推论,最后才这样总结其"灵感由来":"但我倒想说夜访录是高度浓缩了抽象化的充满机智的嘲讽,不知读者是否会察觉它和作者一部力作《围城》之间存在着什么联系。"对于文集中另一篇文章《窗》,他则以为是"最爱读的一篇","钱文最善于征引,其佳处在于比喻之妙和令人心服的作者思绪之敏捷","然而散文又有着自然流露真情之一面,那都是来自素日无意中产生的感觉"。由鲲西的这篇文章,我甚至急于再重读钱锺书先生的这两篇旧文。

由此似乎不难看出,虽然鲲西所写大多都是读书随笔或者书评文章,但确实是"言之有物",也是有着他的"个人的风格"的,而这"个人的风格",我以为便是博览群书而又能触类旁通,显示了他在文学上的敏锐判断和深厚修养。此书还多次谈到作为清华大学国学院四大导师之一的陈寅恪,他谈论陈的专著《柳如是别传》和《论再生缘》,则以为陈寅恪是受到了汪容甫的文章的《经旧苑吊马首真》的"影响和感发",并进一步引申道:"前人说古今文心名理都出于一气,学者与学者之间,文士与文士之间都有着他们先后的思想渊源,善读陈氏著作者,是不难发现比这更多的思想嬗递的痕迹的。"另一篇谈论周作人最后一部译著古希腊《卢奇安对话集》,也是值得特别关注的。由周氏翻译这册古希腊的著述,他想到周氏在 20 年前所写的一篇名为《希腊之余光》的文章,并如此感慨道:"作者对于希腊精神长久所怀的敬意,以及写作此文与后来又译《对话集》中间二十年的相隔,令我觉得冥冥中这两者似乎有什么可联系的东西,即由此所反映出作为作者和译者的周氏某种心态的延续。"由此可见,鲲西的这种"个人的风格",是一种论述和分析的风格,也是他希冀自己的文章还有一些"如下种子一样"的作用吧。

2016 年 6 月 12 日

吴宓的书事

《吴宓书信集》2011年11月由北京三联书店出版,编者系吴宓之女吴学昭,信件的收集、整理、注释和翻译也均由其独立完成。我一向关注吴宓,但尚有概念化之倾向,这与之前读过鲁迅、温源宁以及时下多人谈论吴宓的文章有关。而待读完这册书信集后,对于吴宓颇增许多丰富之印象。关于吴宓,都知道他是20世纪中国的一位杰出的人文学者,曾与陈寅恪、汤用彤作为"哈佛三杰"而被人称道,受教于人文主义学术大师白璧德,回国后曾在清华创办国学院,并在南京主持学术刊物《学衡》,但因其文化学术理念与盛行的新文化不合,而备遭嘲讽、批判,甚至终遭悲剧之结局。论才学,吴宓堪称杰出;论品德,吴宓更堪当范本;而就是这样一个不合时宜的学人,却遭遇时人和后来的诸多嬉笑与丑化,以至于提及吴宓,谈论的不是他的思想、他的品德、他的贡献以及他的遭遇,而更多的是他的零碎八卦与趣闻,甚至有把对其品性的真诚与老实,以及对于学术文化的执拗与热诚夸张为笑料的荒谬。

将吴宓称为真正的理想主义者,不是妄论。在《吴宓书信集》中,多有吴宓谈及理想之处,其抱负与心愿皆属高格。1923年7月6日,吴宓在给其师白璧德的一封信中,谈及他对当时中国面临的危机的认识,其中充满了忧患与不安:"自从我回国后两年,中国的形势每况愈下。国家正面临一场极为严峻的政治危机,内外交困,对此我无能为力,只是想到国人已经如此堕落了,由历史和传统美德赋予我们的民族品性,在今天的国人身上已经荡然无存,我只能感到悲痛。我相信,除非中国民众的思想和道德品性完全改革(通过奇迹或巨大努力),否则未来之中国无论在政治上抑或是经济上都无望重获新生。我们必须为创造一个更好的中国而努力,如不成功,那么自1890年以来的中国历史将以其民族衰败的教训,在世界历史上留下最富启示和耐人寻味的篇章。"此时的吴宓,除了在大学里担任教职以外,便是积极联络更多的同道,创办了被称为与《新青年》抗衡的《学衡》杂志,反对新文化运动,并试图通过努力,"抵制和补救该运动的影响"。

遗憾的是,吴宓的主张和号召在当时自然是少人响应,《学衡》也常常陷入困境。在1924年7月4日写给恩师白璧德的信中,吴宓谈及了自己主持杂志的状况:"我在很少合作和帮助的情况下,努力维持《学衡》(每月出版);工作非常辛苦,而成绩差强人意。为了《学衡》和其他工作,我牺牲了休息、爱好以及在中国为巩固其地位所必需的各种社交。"1925年8月2日在给白璧德的信中,他又谈到了主持《学衡》杂志的困境:"我感觉自己很像女佣Esther Waters(请原谅这一粗陋的比喻),为了哺育和拉扯大她的爱子,四处奔波帮厨。当然我无权称《学衡》为我自己的孩子;我的意思是我在被迫离开南京到奉天的情况下,我勉力维持《学衡》的出版,遭遇了更多的困难和不便。"吴宓在信中谈及的"困难和不便",主要有"老朋友和同事四处星散""稿件匮乏""生计问题"以及出版者中华书局的终止出版,但最终在吴宓承诺对杂志进行经济补偿之后,又得以延续。

对于《学衡》杂志,吴宓可谓颇费心血,这在当时是少见的。民国时期出版自由,很多文人创办刊物,常常会因为刊物的经费、稿件等问题选择停刊,如果机会成熟,再操旧业,但吴宓却并不如此认为。1925年吴宓回到母校清华任教,对此他在给其师白璧德的信中解释说:"我摒弃奉天来北京到清华学校,既不是由于首都通常的吸引力(政治机遇;上流社会的漂亮女孩;高级饭店和书店等等);也不是为了清华学校能较好提供物质待遇和身体享受,而是那些便利条件能够帮助我为《学衡》工作得更好和效率更高。我的意思,例如一座非常好的图书馆;一位由学校付酬而纯粹出于热忱和友谊自愿利用余暇为《学衡》工作的助理;与志趣相投的人们特别是文人相识的机会,由此为《学衡》巩固撰稿人和稿源。我的思想和精力集中在《学衡》的工作上,而这些是我真正在意的东西。"在这册书信集中,很多信中都有吴宓极力邀请和督促他的朋友们为《学衡》撰稿的内容,其急切之情,读后常令人扼腕。

如果说有谈及吴宓欲借《学衡》杂志而与胡适、鲁迅等新文化派抗衡,从而达到个人目的的论调,那么这册书信集中除了致其师白璧德的信件外,有他写给清华外文系学生李赋宁的书信,也很值得我们读后进行判断。李赋宁毕业于清华大学外文系,后留学英国牛津大学,曾在清华受教于吴宓,被吴宓称为可以与钱锺书的才学并驾的后起之秀,1949年后长期任北京大学外文系教授;李赋宁还有一个身份,便是著名水利学家李仪祉之子,且与吴宓是同乡。正是如此,吴宓对于李赋宁关爱有加,也可以说是无话不谈。吴宓给其师白璧德写信正是新文化运动如火如荼之时,而写给学生李赋宁的书信,则已是1950年之后。两者相较,时光变迁,足可以用天地玄黄来形容世事之变了。但读吴宓写给李赋宁的书信,其中洋溢的依然是深层的文化忧患与希冀,而略微不同的是,三十年前,吴宓把这种希望留给了自己,而三十年后,他则把希望寄托在自己的学生李赋宁的身上了。两相比较,对于我们认识吴宓的理想主义精神,显然是有益的。

1951年,吴宓已在西南师范大学任职,远不是当年意气风发,欲与天公试比高的海归教授了。此年的2月21日,吴宓写给学生李赋宁夫妇的信札,心情颇为黯淡,其中交代学生两件事情,至今读来不改其书生本色:

> 兹有最重要之二事,乃金石肺腑之言,掬诚嘱告,望弟谨记。此生如竟不获再晤,人事飘忽难知,非故作严肃之语。此二事即系对平生所最敬爱之学生、兼世交,亲如子侄之赋宁之遗言:
>
> 1. 目前英国文学与西洋文学不被重视,等于无用;然我辈生平所学得之全部学问,均确有价值,应有自信力,应宝爱其所学。他日政府有暇及此,一般人民之文化进步,此等学问仍必见重。故在此绝续转变之际,必须有耐心,守护其所学,更时时求进益,以为他日用我之所学,报效政府与人民之用。
>
> 2. 中国旧书,今方以废纸出售,大事销毁。英国文学及西洋文学、哲学、史学旧书籍,亦无人愿存,更无

人愿购。然他日一时风气已过去,政府与人民必重视而搜求此类佳书,学者文士,更必珍宝视之。故我等(至少宓与宁)断不可弃书……断不可卖书……宁受人讥骂,亦必大量细心保存书籍。……

1960年8月22日晚,他又在给李赋宁的信中谈及自己的心愿:"眼看多少友生,先后死去,或成右派,……我宁非今世极幸福之人,而一生最安乐快适者耶!老人难得是在健康(身体)、清明(神智)、安定(生活)、快适(精神)中,无病而终。宓之寿终期,或者在1963(年七十岁)年,但天命亦不可知。宓惟一系心之事,即极知中国文字之美,文化之深厚,尤其儒家孔孟之教,乃救国救世之最良之药。惜乎,今人不知重视,不知利用,为至极可痛可惜者也。"在这封信中,吴宓谈及自己"生死一切随缘","惟(1)宓诗稿、日记、读书笔记若干册,欲得一人而付托之,只望其谨慎秘密保存,不给人看,不令众知,待过一百年后,再取出给世人阅读,作为史料及文学资料,其价值自在也。……""(2)宓之Humanism西书,即Babbitt先生等明贤之著作,宓尚珍存,不知捐与何校何图书馆为宜,或托某人保管传后。"

由这两封书信不难看出,吴宓已感觉到一场巨变的来临。而此时他的理想已经具体为自己的学生、专业和心爱的书籍。特别是关于他的藏书,此书信集中多所议论和强调。在抗战结束前夕,他在给清华大学校长梅贻琦的信件中,就曾反复强调他所珍藏书籍的运输问题,而由此也成为吴宓未能最终回到母校清华任教的重要因素之一。显然,抗战胜利之初,人心思归,对于书籍留存与运输问题清华大学并未给予重视,由此导致吴宓在书信中反复强调而屡屡失望。民国三十四年(1945年)7月28日在成都写给梅贻琦的信中,吴宓写道:"宓函中并求福田兄为接洽美国军车,备寒假回昆。又恳福田兄设法助宓将宓西洋文学书四箱,存浙大者,系一九四二年运回昆明,供弟及同人阅读。更可见宓在联大、清华,有终焉之志。……"该年八月十日致信梅校长,其中又谈及此事:"目前时局及交通尚多困阻,母校开学之期不免延迟,而宓精选之西洋文学书籍四箱今在重庆者,联大既不能代运,失弃可忧。"9月2日的信中,吴宓最后又强调:"总之,宓之迟迟北归,以书籍、行李无法带运为主因……"十一月四日的信中,吴宓告诉梅校长他的这些书籍的情况,乃是"由武大专轮由渝运鄂,直至昨日方抵汉口,尚未起卸。"

吴宓未能最终返回清华大学任教,从这些信件来看,其中有与清华外文系的矛盾纠葛,还有他遵朋友承诺讲学邀请以及突然生病等因素,但其中的一个关键因素,就是他珍藏的这些西洋文学书籍的运输问题。此事看似虽小,但在吴宓却是关乎文化的大事。1956年吴宓将自己珍藏的一千多册西洋文学书籍捐赠西南师院,在1962年4月给李赋宁的信中却表示"甚悔之(应捐与北京大学＝清华)。因此间无人读此一批书也。"1969年12月24日,在给他的另一学生郭斌龢的信中,也谈及了自己这些书的归宿,乃是"宓所有之西书大部分(千数百册)1956年尽捐赠西南师院图书馆。中文书籍则近年分赠好学之友生,已分配完毕——仅馀中华书局《二十四史》之一部分,约五六十册,暂置书架上,待送交"。信中还忆及1966年红卫兵搜查吴宓宿舍,抄去《吴宓诗集》二十六部,《学衡》杂志1—79期,以及《大公报·文学副刊》1—313期;1968年又逼令他全部交出日记,随后上交了1910年10月至1968年6月30日(中有断缺)的日记共三十七八册。

这封写给郭斌龢的书信是一封十分难得的奇文,还详细记录了吴宓在"文革"中遭到批判、虐待、殴打、审问、管制、学习等诸多细节,均详细客观描述,残酷之状,令人读之分外心惊。其中的批斗一节极为生动,真如吴宓所谈的"可作史料":"先命宓立食堂门外待命。下午三时开会,由主席学生向群众＝宣布开会大意(主旨)后,照例命两人(甲、乙,皆学生)抓罪犯宓进场。食堂内,为极平整之砖铺地。甲乙各挽宓一臂急行至半途,宓呼叫:'走得太快了。我步赶不上,将要跌倒了。'甲乙大怒,随皆释手,且乘奔来前冲之势,将宓向前猛一推,遂全身向前向左方跌倒,趴在砖地上。此事宓不敢对人说,只说'宓自己行步不慎跌倒'。(但其实,众皆知之)。彼甲乙毫不在意,且从宓身后拉起宓已受重伤之左腿,将宓直拖……到主席身旁。此时宓左腿疼极,大汗,急喘,在主席身旁,半跪半坐,惘惘无知之状态中,恭聆了三小时之批判斗争。……晚六时,散会。"

吴宓晚年在"文革"中的境况,此信可略窥一斑。经过数次批判和折磨之后,吴宓说他"已残废",其中"盖骨虽未断,而左腿已扭折成三叠,上腿(大腿)向内扭,下腿(小腿)向外扭,膝盖及胯骨两处关节脱卯,至今不能步行。只能在室内用两手及右足,抓木箱及桌椅,爬来爬去,而偶一不慎,则无论坐卧关节疼痛难忍"。即使是在这种情况下,管教吴宓的人对于他依然是"特别残虐","不许宓在室内大小便,而强迫宓拄杖入山厕,晨夕在室外广场上行走若干圈,否则不给饭食。又教宓洗衣,洗大小内外衣,必洁必整,等事,难以尽述"。但即使在这种情况下,吴宓仍然不能忘记他的朋友陈寅恪。一年多后的1971年9月8日,尚在四川万县专区梁平县进行改造的吴宓给广州中山大学革命委员会写了一封信,询问朋友陈寅恪的情况,并希望能够得到陈或其家属的音信。吴宓在信中称呼陈寅恪为"在国内及国际久负盛名之学者",可谓甚是不合时宜矣。

还是1969年12月吴宓写给郭斌龢的这封信件,在他付邮后便被工人毛泽东思想宣传队从邮局截留,后收存于吴宓专案组的档案之中作为罪证。待到1979年夏吴宓"反党反革命"的冤案平反后,此封信才随落实政策而得以归还家属。尽管吴宓在"文革"中遭遇了肉体和精神的双重折磨,但从信件来看,吴宓更恐惧的是他在肉体上遭受的折磨,毕竟已是将近八旬的老人,因此常有"真恨宓不能早死"的感叹。而对于精神上的种种折磨,吴宓常常不以为意,甚至能够坚执地表达自己的意见。在写给郭斌龢的这封信件的结尾,吴宓详细谈论了自己1966年"文革"以来遭遇的诸多惨痛经历后,对于自己当年没有选择到清华、北大或陕西师大而留在西南师院受到此种折磨悔恨不已。但在最末的一段,他却笔调一转,甚为平静地写道:"宓处人文主义之书,均全保存。最近晚间,且读白师之著作,佩仰之心,不减昔年也。"此处的"白师"即吴宓在美国哈佛大学师从的欧文·白璧德。此时的吴宓,虽身遭多番精神改造与折磨,但依然不改其志。这一小小之段落,读来颇有"悲怆"之感。

2016年4月28日

《留梦集》琐谈

《留梦集》是张中行的一册散文选集。在 1994 年 6 月 18 日所写《自序》中,张中行这样写道:"我的所谓梦不然,是想望(或竟是幻想),是希冀,是爱慕,有时也许朦胧,但并不无力;于是之后是或移近,成为梦的现实,带来惊异甚至欢娱,但更多的是远离,成为现实的梦,带来怅惘和愁苦。这样的梦是未入睡时有的,是情之所钟,在生涯中占重要位置的,我视之为梦,或称为白日梦。"对于自己笔下的这些"白日梦",张中行又写道:"我总是有偏爱。""原因有浅的,是我复读,能够重温旧梦,再过一次值得眷恋的生活,哪怕只是片时的。原因还有深的,单说写时候的心境,是含着眼泪永远放不下的深情。"在后来写成的回忆录《流年碎影》中,张中行于"自知乎?自信乎?"一章中,特别写到了这册《留梦集》,乃是"收自己直接写自己情感的"。并对此书的成书过程有所追记:"是 1993 年或 1994 年吧,有一次同范锦荣女士闲谈,曾说到这个设想,只是一本,收写心的,或交处于娘家地位的北京大学出版社出版,希望由她选编。她同意,可是我们都忙,说过就置之脑后了。这回记得清,是1994年中期,一阵深情动于中,就由徐秀珊女士协助,把言情的一些篇集到一起,标明《留梦集》,送给一个熟人出版。名留梦,可见其中都是我视为梦的,即我的生活的情的一面。"

《留梦集》由徐秀珊编选而成,书前有张中行的《自序》,书后有徐秀珊的《选编后记》,收文50篇,共计18余万字。编选者徐秀珊,乃是张中行的一位忘年交,也是对张中行作品最为熟悉的友人之一。此书书前还有张中行与徐秀珊的合影一张,照片有注释:"一九九四年八月中旬作者与徐秀珊共编本书目录"。照片上,张中行与徐秀珊捧读一页稿纸,似在商定书稿选目,应是摆拍,但举止自然,可见分外亲近。此书的折页上,有徐秀珊的《选编者小传》,其中经历也有几分传奇,不妨抄录一二:"1970年初中毕业。曾在汽车修理厂工作。后读北京广播电视大学中文系,于1988年毕业。主要从事北京历史文化的调查研究工作,兼写散文。"我手中的这册《留梦集》,便是徐秀珊相赠。几年前,我在鲁迅文学院读书的老师王彬先生来访,他介绍我认识了徐秀珊。徐老师得知我爱读张中行先生著作,再见面时,特别赠送了我此书,签名并题跋留念。我由此才特别注意到,徐秀珊曾在工作之余,为张中行编选过多册著作,除这册《留梦集》之外,还曾编过《月旦集》《桑榆自语》《说梦楼谈屑》等文集,应是为张中行编书最多的一位。

徐秀珊在《选编者小传》中,还写到了她的工作单位,为北京什刹海研究会。近年来,她还出版过一册研究什刹海的著作《春明的眼波》。如果这册书早些问世,张老该是为这册著作写上一篇序言的,或亦可列入他的月旦人物篇目。那次得到赠书,我问徐老师是怎么结识张先生的,她说当时任职的什刹海研究会组织一个征文,张先生写了一篇文章,并亲自送到研究会。我听后很有些吃惊,老先生对于一个征文,如此上心。徐老师说,当时张先生还未享有盛名。我特别查了一下,那篇关于什刹海的文章,便是收录在《负暄三话》中的《一溜河沿》,此文副题为"北京什刹海的一个角落",文章也收在了《留梦集》。在徐秀珊为《留梦集》所写的后记中,她亦写了编选此书的因缘:"我非常喜欢这些梦的,所以就偏爱写心境的一类(张老的散文大都融入心境,只是分量不同)。我有时想,如果把这些写梦境的篇什聚拢到一起印出来,无论对于作者(可以旧梦重温),还是对于读者(从张老的梦境感悟些什么),都应该说是一件好事,人同此心,于是有人提出这个建议。张老把这个建议转述于我,我很赞同。于是张老委托我做这个工作。我欣然接受,于其众多的著作里遴选了约二十万字,公诸同好。"

《留梦集》1995年1月由中国文联出版公司出版,1997年1月又由作家出版社再版,再版本收于"张中行自述文录"之中,此"文录"上卷为范锦荣编选的《写真集》,下卷则为徐秀珊编选的《留梦集》。但再版的《留梦集》,内容由徐秀珊做了调整,收文由原来的50篇,增订为60篇,删去了《桑榆自语》和《难得糊涂》两篇,此两篇收入上卷《写真集》。增加的十二篇,分别为《笑》《春风吹又生》《关于识荆》《沙滩的住》《沙滩的吃》《吃家乡饭》《哑麦榆钱》《灯》《乡关半日》《先后两闺秀》《玉井女史》《凌霜红》。文章编目也做了调整,主要是作了内容上的分类,诸如把原来散在书中的几篇与"梦"直接有关的文章,放在了一起,这类文章有《梦的杂想》《蓬山远近》《无题》《归》《笑》《惟闻钟磬声》《晨光》《神异拾零》《君自此远矣》《但目送芳尘去》等。再版的《留梦集》,还多了一篇日本人多田正子所写的文章《隔海读梦》。此文中,这位多田正子说她读了张中行的《汪大娘》和《红楼点滴》,"尤其喜欢文中读罢的那些余韵",并坦言"喜欢就是喜欢,有所偏爱"。她评价张中行的文章,"有种特殊的吸引力",使她能与作者"一起感叹、怅惘、流泪,又能从中得到一种安心感"。这位多田正子,虽不是日本学人,但对于张中行文章的欣赏,显示了较好的文学感知力。

张中行与日人多田女史的交往,是一个小小佳话。靳飞在《张中行往事》中有篇《张中行书信并〈来鸿跋尾〉》,对再版《留梦集》中"挤进"的这位多田女史情况,有所介绍:"几个日本人,多田正子、松居时,是我在东京的学生,好用汉语作文,多田的文字远在我之上,偏要口口声声称我为师,我只好求助师门,请中行翁指导她。老先生也看重她的文字,特别约她为作家出版社版《留梦集》写读后,就是附在书末的《隔海读梦》,题目是我代取,文字上却没有帮忙,她说中行先生是位'寂寞家',我同意这个说法。多田寡居,子女三人,两人还在读大学,经济上不免捉襟见肘,又不能忘情中文,往访北京,希望能借宿老先生处,既省店钱又便于请益,结果给老先生添了诸多麻烦,老先生仁厚,我却颇觉惭愧。"对这位多田正子,经靳飞介绍,张中行印象甚佳,尤对其汉语文章很是欣赏。另在一封致客居东京的靳飞夫妇的信中,张中行谈及多田女史的来访,"八月二日借车亲往机场接多田正子及松居时姐弟,直回寒斋,便饭后松居二位往前门饭店,多田女史留宿。"此信还有对多田女史的印象点滴:"她很能干,带来许多礼物,其中不少是她手制的,美而珍贵。她为人很好,对人直而厚。但性格与书札中所表现者似有异:单看文字,近于林黛玉,看本人,则近于梁红玉,刚劲且有外交之能也。"

靳飞文集《张中行往事》中,还有篇文章《偏疼〈留梦集〉》,谈及此书的出版因缘。此文开篇这样写道:"中国文联出版公司一九九五年一月版《留梦集》,其实是字号为朝阳文化教育书店的书商李之昕兄所为。之昕的母亲是张中行先生教过的学生,之昕的'墨缘斋'书店又是北京最早的张氏著作专卖店,以此渊源,行翁决定将集子交给之昕来印。"对于这本书,靳飞还特意写过一个新书广告,如下:"中行先生曾说,假如每本书就如同是自己的一个孩子,那么,《留梦集》是他众多孩子中最为偏爱的一个。为此,中行先生特别邀请范用、张守义两位装帧权威设计版式和封面,出版家亦选上好纸张力求印制精美。应该说,《留梦集》是集中了张氏得意之作的选集,而且是张氏著作中极具收藏价值,也是极应予以重视的版本。"也正因此,这本《留梦集》特别制作了毛边本,并且是张氏著作里唯一的毛边本。靳飞此文还谈及一个小掌故,乃是书中有篇《关于美人》,系他提议促成,"成天总是这位大美人,那位是大美人的,干脆就写篇关于美人吧。"后来,靳飞又约徐城北写了一篇同题文章,他自己亦写了一篇,凑成老中青三篇《关于美人》,发表在《星光》杂志上。靳飞还说,《关于美人》是《留梦集》的"点睛之笔"。

靳飞提及的书商李之昕,便应是张中行序中提及的"熟人"。而在张的其他文章中,这位本为书商的文化边缘人,却也是有迹可循的。在文章《欲赠书而不得》中,张中行说他的不少著作,因新华书店订购不足的原因,很多读者买不到书,只能写信给作者求购,这是网络时代之前的一个特别现象。对此,张中行写道:"作者兼卖包销之书,近一时期也不少见,可惜我老了,腿脚慢,还赶不上这样的新潮,所以只能复信,表示歉意了事。不过事了了,问题并没有解决。这期间,一个女弟子出于悲天悯人之怀,想了个办法,是恰巧他儿子开了个小书店,于是凡是我的拙作,这个小书店都进一批货,既门市卖,又可以邮购。这一来,再收到读者求索的信,我当然还要复,告知售书地点,可是有了大获得,不必表示歉意之外,还可以平心气和。"而由这个"墨缘斋",又演绎出一个令人心动的小故事。经靳飞介绍,他的一位朋友设摊卖书,便是从"墨缘斋"采购张中行著述,竟成街头一景。有位"风度文雅而衣着寒素"的妇女,用一本成语词典换张先生的《禅外说禅》的故事,竟被这位摊主同意了。此事张老听后,"心里一震",认为是人海遇"知音",拟退了词典,并赠一册他的新书。然而,这位女史没有接受,且再也没来了。

由此看来,《留梦集》是张中行最初动议,后由他与范锦荣商定,又经徐秀珊编选成书,再经"女弟子"之子印刷包销。为了扩大影响,"小友"靳飞提议为此书制作了毛边本,并撰写广告词,后由此又有了与东瀛女史交往的雅事。有趣的是,《留梦集》初版之书名由张中行自题,两年后再版,则又改由范锦荣刚读小学的女儿小茵题写,也不失一种情趣,但这其中,或还有一种对范锦荣商定此书而未能参与的补偿。此书得以问世并能精心印制,乃是举众人之力,而张中行的态度,也是鲜明的。在《改编后记》中,他特别写道:"我近年来率尔操瓠,灾梨枣次不少,正如多产尊夫人膝下五男二女,难免有所偏爱,我偏爱的是这一本,因为含有更深的情,甚至更多的泪。而偏爱,就愿意这所爱发育得更美好。"无论是初版,还是再版,张中行对于这个"偏爱"的"孩子",都是分外看重的。在装帧设计上,两次都请著名装帧设计家张守义来操刀,初版的版式更是惊动了著名出版人范用,这两位也都是列入张中行"负暄"名单上的人物。张中行出名后,他的著作多由张守义设计封面,亦为书林一景。对于此书,张守义画了一幅张老的头像素描,张中行在序言中致谢,认为"留梦的意境最难表现,他也定型在封面上"。

《留梦集》还有一个十分别致的地方。此书初版,张中行请时为《读书》杂志编辑的赵丽雅题写了文前标题,再版则请武汉书法家张秀题写。赵丽雅为《留梦集》写了52个文章标题,而张秀则为《留梦集》和《写真集》写了总计116个标题,如此举动,在当代的出版史上,也是少见。张中行喜爱明清闺秀小楷,认为风格"清丽娟秀","使人不由得想到玉楼中人的柔婉"。而他也乐于收藏明清闺秀小楷,故而经营多年,不但收藏了一些明清闺秀的书作,而且即使是在十年浩劫里,他都视为宝爱,"一件也舍不得烧"。《负暄三话》有《闺秀小楷》一文,便是谈及了他收藏闺秀作品的动因和经过,文末笔锋又一转,谈到了他偶然看到武汉书法家张秀的书法,并最终得到了一幅由张秀书写张宗子《湖心亭看雪》的小楷作品。此事令张中行很是高兴,他评价张秀的字,"娟秀不亚于马湘兰,整饰像是还超过一些"。在文末,他甚至因此而动了情:"我高兴,决定装入镜框,悬之壁间,以期朝夕看看这明清闺秀的流风余韵,让自己确信,过去值得珍重的种种,并没有都逝者如斯。"在《负暄三话》中,有《赵丽雅》一文,亦可看作扬之水的学术前传,其中颇多传奇之处,此处不赘。张中行文中称赞赵丽雅的字,以为也是"马湘兰风格的闺秀小楷"。扬之水题写的小楷标题,清雅秀丽,又有书卷气,令人赏心悦目。

2020 年 9 月 20 日

来燕榭二题

小燕

来燕榭是藏书家黄裳的书斋名。这个斋号的来历,黄裳在《我的斋号》中曾有说明:"自从买书以来,我也曾经请名家刻过不少藏书图记,不免也想出了几种斋馆名色,聊以自娱。前后也有了三五种。当然不过是纸上烟云,并无现实的存在。……至于'来燕榭'一名,实取诸嘉兴实境,记得是一次荡舟之际,忽然瞥见,已记不得是哪里的水榭了。这名目也是我喜欢的,所以至今还在用着。"来燕榭这个书斋名之外,他还有"断简零篇室""梦雨斋""草草亭"等书斋名,但显然黄裳更喜欢"来燕榭"这个书斋名。黄裳有多部文集,均以"来燕榭"入集名:1999 年 5 月上海古籍出版社《来燕榭书跋》,2001年3月辽宁教育出版社《来燕榭读书记》上下两册,2004年1月大象出版社《来燕榭书札》,2006年5月作家出版社《来燕榭集外文钞》,2008年4月大象出版社《劫余古艳——来燕榭书跋手迹辑存》,2009年1月北京三联书店《来燕榭少作五种》和《来燕榭文存》,2011年6月中华书局《来燕榭书跋(增订本)》,2011年12月北京三联书店《来燕榭文存二编》。此外,由曹彬辑录黄裳旧诗,2017年以苏州平社的名义印行《来燕榭诗存》。可见,来燕榭既为黄裳所喜,又为读者所爱,终成黄裳别称。

　　来燕榭成为黄裳书斋名,亦另有一说。黄裳的女儿容洁在文章《来燕榭》中写道:"父亲的书斋,名'来燕榭',一间起居、写作兼读书的房间,此间久居我的母亲,小名'小燕'。"容洁女士在文章中对她的母亲有所描述,她的母亲是高挑身材的江南美人,十五岁时便与黄裳认识,黄裳等待多年才得迎娶。她还介绍说,其母是一个护士,能说一口不卷舌的国语,爱跳舞,爱逛街买时髦衣服,爱干净,房间里的家具擦得一尘不染,对自己的衣着更是一丝不苟。黄裳的夫人虽然不是知识女性,但能够欣赏"严派"说书,也能够欣赏黄裳的散文,对于子女的教育十分重视。虽然黄裳与夫人小燕的共同爱好不多,也有吵架的时候,但总的来说,夫妻的感情是融洽的。"文革"中,黄裳被定为"反革命",但家庭并未破裂。小燕晚年患癌,黄裳卖掉珍藏的名人字画,为夫人支付医疗费用。夫人小燕去世后,骨灰一直放在黄裳的卧室,可见情深。容洁还特别写道,母亲染恶疾后,她从海外回来,看到父亲黄裳,已是头发全白,步履艰难,而患病的母亲,还是年轻漂亮,看起来似乎还不到五十岁的样子。凌济编《榆下夕拾》,收黄裳写给夫人朱光耀信件两封,亦有夫妻二人年轻时合影一帧,夫人小燕确有惊鸿之影。

黄裳的旧籍题跋中,常可看到"小燕"的身影,他们一起欣赏古籍,或访求珍本,甚至还有请小燕为他珍藏的版本题跋的内容。仅看这些题跋,颇有些李清照与赵明诚的意味,这或是黄裳才子性情的流露。在《宋史岳飞传岳忠武王庙名贤诗》一文中,黄裳略写此本流转后,有闲笔如下:"时壬辰小雪前五日,江南暖若初秋,日影满窗,余在海上。小燕为黄裳书。"最妙的是黄裳为《续茶经》题跋,先后四次题写,最后一次,"辛丑二月廿五日,春宵记,小燕黄裳",颇有几分红袖添香的遐想。《失题》一篇跋记,如一篇古雅的小品文,对夫人小燕则多有着墨,写二人同游吴下,购得明钞珍本,乃与之前收藏两册合璧,欣欣然中有人生快事之叹:"余与小燕同游,每得异书。前于杭城配得宣德刻《晞颜集》半部,汪氏振猗堂故物也。皆得剑合珠圆,实最妙事。今晨小燕归越中去矣,夜窗灯前展卷,雨声渐沥,漫记数语,以识岁月。"1998

年,小燕离世,黄裳给老友杨苡写信,颇多感伤:"近来心绪恶劣,诸事俱废,遂缓作复,想不见怪。"又谈:"我正将旧书上写的书跋重录成册,已有一本交上海古籍,现在是搞续编,好在有些事做,可以排遣。我买书喜作题记,其中多有与光耀同游纪事,今日重观,只增哀恸。"

掌上明珠

黄裳有一册名作《珠还记幸》,逐一写他失而复得的名人墨迹,文章写得蕴藉,配以写在笺纸上的墨迹,可谓古香古色。黄裳将这些自己辗转求来的墨迹,视为掌上明珠。这些墨迹在十年劫难中幸免涂炭,乃是幸事。"珠还记幸"这个书名,取得实在是好,它令人想起故人重逢的情景。黄裳对于这些墨迹的珍爱,颇有些如对故旧之感。在《珠还记幸》中写到的名人墨迹,主要有郭沫若、朱自清、茅盾、许寿裳、乔大壮、巴金、冰心、王统照、冯至、废名、周建人、曹禺、李广田、浦江清、俞平伯、郭绍虞、张元济、周叔弢、沈尹默、马衡、邓之诚、马一浮、柳诒徵、贺昌群、李一氓、沈从文、靳以、张充和、钱锺书、杨绛。在《小引》中,黄裳说他辛苦收集的墨迹总计在一百多幅,原本是计划在他编辑的报纸版面上采用的,因故未能如愿。"文革"中,黄裳身陷劫难,与这些宝爱之物一别便是十余年,其中遗失的,便有梁漱溟、胡风、吴晗、费孝通、唐弢、蒋维乔、梅兰芳、徐森玉等名家墨迹。周作人的一幅,是黄裳在南京老虎桥监狱采访时求得,当时随身带了一本周氏刚刚出版的《药味集》,那幅墨迹便夹在了书中。后来,书被查抄了,又沦落到了旧书肆中。"文革"后,巴金购得的这本书,赠给了他,而那幅墨迹竟还完好,亦为幸事矣。

黄裳珍重这些墨迹,其实珍重的是中国文化的生生不息。最初的动机,除了为报纸版面增色之外,还有留作纪念和保存"文献"的意味,因此他并不仅仅以书法来看待。也因此,在黄裳的这一系列《珠还记幸》的文章中,他多写自己与这些文化名家的交往点滴,亦写他对于这些名家及其作品的认识,饱含了深深的敬意和浓浓的情谊。黄裳不是书法鉴赏家,他在文章中亦偶有对于这些名家墨迹的品评,倒也是特别的。对于这些墨迹,黄裳喜用"姿媚"这个词语来评价。他评价沈尹默给他写在一个扇面上的字:"挥洒自如,姿媚横生"。写沈从文劫后给他写来的字:"虽然旧时面目仍在,但平添了如许宛转的姿媚。"写李一氓的字,"墨沈淋漓,别有一番姿媚。"写郭绍虞一篇,名为《老树》,最为意味深长:"他的字美,但别有一种刚健之意,不是那种俗媚的

'奴书'。""前年所写的一张更是老笔纷披,别有姿媚。"随后,又笔锋一转,写道:"绍虞先生今年九十岁了,比叶圣陶还长一岁。真是人瑞,是中国文坛上的南北相对的两株枝叶繁茂、生机勃勃的老树。这是使我们这些在老树阴凉下工作的后辈感到非常幸福的。"按说这些"五四"一代的人物,都已是垂垂老者了,用"姿媚"这样旧文人词句,是有些不妥当的,但黄裳用了多次。

"姿媚"之外,黄裳亦喜用"丰腴"一词来形容他称赏的文人墨迹。他写王统照的墨迹最有神采:"诗笺上画着一只高脚磁盆,满满盛着大红樱桃,是白石个人特色最浓的作品,题词'女儿口色'四字,不用说也是借山吟馆主人的神来之笔,写在这诗笺上的统照先生的法书就尤为精妙。笔致的丰腴,墨色的凝重,风姿的流美与诗笺画面映衬得恰好。没有这样风格的书法,是压不住那么浓艳的色彩的。字写得精力弥漫,而又风神贻荡,确是佳作。从中几乎看不出诗人清瘦病弱的样子。"在这段评价中,笔致的"丰腴"与诗人的"病弱",形成了鲜明对比,这恰是黄裳用心之所在。再如,写柳诒徵的字,"书法是腴美的,一些都不象他本人那样清瘦。"也是用对比的方式。当然,有些名家的墨迹虽不算丰腴,但在黄裳的眼中,也是有生命力的。诸如钱锺书的字迹,"书法和近来的腴美却截然不同,是瘦劲的。"再如许寿裳的字,"书法是清劲的,虽然不能说是怎样的法书,不过在我看来却别有趣味。"茅盾的字迹,既不"丰腴",也不"廋劲",乃是"一笔娟秀的小字",但给黄裳写的一幅林和靖《旅馆写怀》,乃是"神采飘逸,秀气扑人"。在黄裳看来,这些历经风云的文人墨迹,无不彰显着老树着花的生机。

2020 年 10 月 18 日、25 日

《全集》之外的汪曾祺

人民文学出版社出版了新版《汪曾祺全集》,我立即购藏了一套。汪曾祺是我喜欢的作家,也是不多的几位让我重复购藏各类版本的作家。之前北京师范大学出版社早已绝版的《汪曾祺全集》,也曾设法购得一套,他的各类生前自编集,也通过网上旧书店陆续搜罗而得,其身后特别是近些年各类选集令人目不暇接,也都购得不少。汪曾祺的文学价值得到了文学界和读者的双重肯定。此次由人文社推出的《汪曾祺全集》,收集了他的全部文学作品,包括小说、戏剧、散文、谈艺、诗歌、杂著、书信,等等,展示了汪曾祺作为一个非常独特的文学家的全面才能。读《汪曾祺全集》,有一种深刻的感受,就是其一生的文字,大多处于较高水准,无论是早年的练笔之作,还是晚年的应酬之作,甚至是在一些书画上的题跋,乃至书信和文书材料,都展示出充满灵气的文学才华,这在中国当代文学史上是极为少见的。当代文学史上,有不少鼎鼎大名的作家,具有文学史价值,但其文学阅读的价值却是大打折扣的,甚至随着时间的流逝,越来越小。汪曾祺恰恰相反。

读人文社的《汪曾祺全集》,有一个颇深的感受,就是汪曾祺在文学之外,还有一个情趣广泛也未尽其才的领域。在文学的才能之外,汪曾祺最被文人津津乐道的,可能是他在书画方面的造诣。《汪曾祺全集》没有能够征集和编撰出《书画卷》,是一个很大的遗憾,虽然出版社随全集赠送了汪曾祺的一幅作于1948年的花鸟画复制品,还有一份书法作品的藏书票,也在书前印制了几幅书画代表作,但完全不能展示汪曾祺在书画方面的才艺。其实,目前汪曾祺在书画方面的作品,已经有了一些成果,诸如由其子女印制的《汪曾祺书画集》,还有故宫出版社编选的《汪曾祺书画》,以及江苏凤凰文艺出版社在纪念汪曾祺去世二十周年征集的汪曾祺书画作品集。特别是后者,还与我略有一点关系。某次与一位作家出版社的朋友聊起汪曾祺,他说正在参与征集和编撰汪先生的书画作品,问我有无藏品。我无缘得藏汪先生的书画作品,倒是知道有位朋友收藏了一幅书法作品,且经我介绍由汪先生的子女鉴定后得以购藏,最终收入此书画集。

汪曾祺的书画作品目前已成为收藏界热衷的藏品。汪曾祺的书画应该算是文人字画,这个汪曾祺自己也是清楚的,但其在字画的意境、构思和趣味上,却绝对是高妙的,也是一般的书画家无法具备的。汪曾祺的画作之上常有题跋,多系绝妙的即兴文字,堪称上好的小品。1984年3月20日,为翻译家巫宁坤作仙人掌画并题词如下:"昆明人家常于门头挂仙人掌一片以辟邪,仙人掌悬空倒挂,尚能存活开花。于此可见仙人掌生命之顽强,亦可见昆明雨季空气之湿润。雨季则有青头菌、牛肝菌,味极鲜美。宁坤属画,须有昆明特点,为作此图。一九八四年三月廿日,是日大风,不能出户,曾祺记。"巫宁坤和汪曾祺是西南联大的同学,巫宁坤时在外文系,汪曾祺则在中文系,都曾师从沈从文。在历经近半个世纪的磨难之后,汪曾祺以这种文人的方式赠答,可谓极具雅兴。赠送巫宁坤的这幅作品,显然属于汪曾祺的书画精品。汪曾祺晚年作了不少书画应酬之作,但也多有灵光乍现的美妙之处。很多文人都把收藏汪曾祺的书画作品作为一种荣幸。

　　书画之外,汪曾祺还有两个最为鲜明的生活爱好,一个是美食,另一个则是旅游。源于这两个爱好,汪曾祺写过不少的散文,主要都收录在他后来的散文集《旅食集》之中,这册文集后来又加以增订,以《旅食与文化》为名出版,后者汪曾祺已经写好了序言,但终未能见其出版。汪曾祺关于美食的文字,都收录在他的全集之中,可谓洋洋大观了。但令人遗憾的是,汪曾祺生前编选过一册饮食有关的《知味集》,却不见于《全集》。也许按照编者的设想,《全集》只收录汪曾祺的作品,选编的作品则一概不收录。这在《全集》的编选中,也有先例,但也并不完全如此。《知味集》由汪曾祺亲自撰写《征稿小启》,可谓广发英雄帖,一时征得文人谈美食文章多篇。1990年此书在中外文化出版公司出版时,汪曾祺又撰写了长篇美文《后记》,对于这本由他独立主编的著作颇为满意,他在开篇中就这样写道:"这本书还是值得看看的。里面的文章,风格各异,有的人书俱老,有的文采翩翩,都可读。"

《知味集》收录了当时文坛作家的谈美食文章四十八篇,其中除了汪曾祺自己文章《五味》和《萝卜》之外,还有李一氓的《征途食事》、王蒙的《吃的5 W》、铁凝的《面包祭》、陈建功的《"涮庐"闲话》、高洪波的《吃谈》、王世襄的《鱼我所欲也》、林斤澜的《豆腐》、陆文夫的《吃喝之外》、黄宗江的《美食随笔》、舒婷的《美食天地》、秦牧的《梧州豆浆》、刘绍棠的《打糊饼》、邓友梅的《饮食文化意识流》、苏叔阳的《吃的拉杂谈》、吴祖光的《腐乳·窝头汤》,等等,真可谓名家云集,名篇荟萃。我之所以为《全集》感到遗憾,乃因这本《知味集》不仅是汪曾祺唯一独立主编的一册著作,展示了他在美食方面的趣味与观念,更为重要的是,这本谈吃的文集,也从侧面展示了汪曾祺的文坛交际和独特的"朋友圈"。我们无法具体探究当时他是怎样逐一约稿的,可能有些文章会选择公开出版物的谈吃文章,但这种选择一定是具有倾向性的,而更多的应系约稿获取,展示了他当时在文坛交际方面的情况,这是值得我们注意的。

除了独立编选《知味集》之外,汪曾祺还与邵燕祥一起编选过一册《美国的月亮》,在此《全集》中也未见踪影。《美国的月亮》由中外文化出版公司于1990年12月出版,收录在冯牧和袁鹰主编的一套"中国作家看世界丛书"之中。在此书的署名上,汪曾祺排名第一。但据汪曾祺自述,此书主要由老友邵燕祥编选。这样的事情,汪曾祺也干过一些,我们不能不分彼此,一概收录,那就成了作品杂烩了。诸如汪曾祺还曾忝列《沈从文全集》的编委,并出席了发布会,但究竟为全集的编选做出了多少具体的事情,还有待进一步考证和探究。无论如何,《美国的月亮》一书的编选,至少说明汪曾祺对于美国这个话题是感兴趣的。汪曾祺曾受华裔作家聂华苓的邀请,去美国中部的爱荷华城参加"国际写作计划"项目,回来后他曾就在美国的观感,写过几篇散文,皆可观。在美国期间,汪曾祺还曾有一个写作计划,就是写一系列的《美国家书》,后来这个系列没有继续。在全集的《书信卷》中,汪曾祺在美国致信妻子施松卿,透露了他回国后将有一个写作《美国家书》的计划。此前,他已经就美国的见闻向施写了二十一封篇幅较长的书信。

以上这些遗憾,对于出版《全集》实际上也算不上什么特别的,《全集》还是可以再编撰的,具体选还是不选,也是可以继续探讨的。但对于汪曾祺来说,他生前的几个创作计划未能实现,真可谓人间未尽才,这才是真正的遗憾。此次读全集的《书信卷》,发觉汪曾祺除了《美国家书》以外,还有两个写作计划没有实现,一是计划写一本《中国烹饪史》,另一个则是计划写一部长篇小说《汉武帝》。如果这两个计划完全实现了,我们对于汪曾祺的评价,以及他在文学史上地位,又会是另外一种形象。汪曾祺曾1973年2月1日写信给他的好友朱德熙,谈他对《文物》杂志刊印朱德熙发言的一点意见,其中主要是关于古代人吃食的事情,显示了汪曾祺在这方面的造诣,信末处,他淡淡地写了这样一段话:"我很想在退休之后,搞一本《中国烹饪史》,因为这实在很有意思,而我又还颇有些实践,但这只是一时的浮想耳。"从这封信来看,汪曾祺很可能已经有一些初步的准备和思考了,而他也是此作很好的人选,但最终没能付诸实际。

长篇小说《汉武帝》未能最终写成,可能是汪曾祺创作生涯中最大的遗憾。汪曾祺为创作这本长篇小说,已经采取了具体行动。从目前披露的信件来看,汪曾祺在1981年到1985年之间,曾计划写作小说《汉武帝》,但最终没有完成。1981年6月7日在写给好友朱德熙的信件中,他提及打算写中篇历史小说《汉武帝》的初稿;1983年9月8日在给陆建华的信中,则计划在1984年动工写作长篇小说《汉武帝》,并说这是人民文学出版社的约稿,"他们来要我写长篇,我因写戏故,曾翻阅过有关汉武帝的材料,觉得这是一个性格复杂而充满矛盾的人物,我对他很感兴趣,就随意说了一句:'现实题材的长篇我没有,要写除非写汉武帝。'不想他们当了真,累来催促。这个所谓'长篇'的希望是很缥缈的。几位师友都劝我别写,说很难写。但我姑且试之。不成,就算了。这样,明年我大概还不能走动,将钻进故纸堆里。"在1983年的一封信中,汪曾祺甚至披露,人民文学出版社已经将长篇小说《汉武帝》列入了1985年的发稿计划。

汪曾祺的长篇小说计划终于未能实现。1984年6月13日在给人民文学出版社编辑江达飞的信中,写了他还在为小说做准备,"目前只能翻来覆去地读《汉书》"。1984年8月16日给陆建华的信中,写到了小说的进展:"《汉武帝》尚未着手。很难。《汉书》《史记》许多词句,看看也就过去了,认起真来,却看不懂。比如汉武帝的佞臣韩嫣、李延年,

'与上同卧起',我就不能断定他们是不是和武帝搞同性恋,而这一点在小说里又非写不可。诸如此类,十分麻烦。今年内一定要先搞出有关司马迁的部分,题曰《宫刑》(这'宫刑'就很麻烦,成年人的生殖器怎样割掉的,我就弄不清楚)。"显然,汪曾祺对于这部小说动了真格,下了功夫。有趣的是,1984年9月他还给著名泌尿外科专家吴阶平写过一封求教信,专门请教与宫刑有关的六个很具体的问题,并得到了答复。到了1985年6月5日,他在给宋志强的一封信中写道:"《汉武帝》还未动笔,很难。"此后,就未见他再提及此事了。经过一番努力,汪曾祺终于放弃了写作长篇小说的梦想。

对于汪曾祺来说,还有一个遗憾,也是一件很无奈的事情。如果说《中国烹饪史》和长篇小说《汉武帝》的未曾实现,有各种因素,而他的一本《中国马铃薯图谱》则算是一部真正的佚著了。在1987年2月6日写成的一篇散文《马铃薯》中,汪曾祺写道:"我曾经画过一部《中国马铃薯图谱》。这是我一生中的一部很奇怪的作品。图谱原来是打算出版的,因故未能实现。原稿旧存沙岭子农业科学研究所,'文化大革命'中毁了,可惜!"1958年,汪曾祺因被划为右派,下放至张家口沙岭子农业科学研究所劳动。1960年摘掉了右派分子的帽子,但一时没有地方可以去,便留在了这个研究所打杂。研究所当时要画一套马铃薯图谱,因为汪曾祺有绘画的功底,或许也因为所里总要找些事情给他做,便把这个任务交给了汪曾祺。在1990年写成的一篇散文《沙岭子》中,汪曾祺又旧事重提,谈到他曾在这个时期参加过张家口地区的农业展览会的美术工作,画过"许多的动物、植物、水产、农林牧副渔,什么都有",甚至还颇为自得地写道:"我画过一套颇有学术价值的画册:《中国马铃薯图谱》。"另外还画过"一套口蘑图谱,钢笔画"。

人民文学出版社的新版《汪曾祺全集》,历经八年的努力,已经是接近完美了。实际上读了《汪曾祺全集》后,才发现在这个全集之外,还有另外一个不同于以往文人脸谱化的汪曾祺,这恰恰是读全集的好处之一。或许是太喜欢这个作家了,有时在读汪曾祺的全集之后,会颇感一些不足,甚至有些异想天开。因为我们可以试着去想想,假如汪曾祺各种书画作品、编选的文集都编选进来,他的佚著也奇迹般地找了回来,而那些未曾实现的作品也都实现了,或者发现了他尝试写下来还未来得及出版的长篇小说手稿,那该是多么美妙的事情。要是这些梦想都成真了,那时我们读了《汪曾祺全集》,是否还会发现这样的一个汪曾祺:他是不可替代的小说家、散文家、剧作家、诗人、评论家,他还是一流的文人书画家,他写有一套"有学术价值"的《中国马铃薯图谱》,编选过一册文坛高手云集的美食美文汇编《知味集》,写了一系列有关美国社会现状的文章《美国家书》,完成了一本具有文人视角的学术著作《中国烹饪史》,研究汉代的历史并写成了一部极有现代感的长篇历史小说《汉武帝》,如此等等。呵呵,那该是怎样的一个汪曾祺呢!

2019 年 2 月 14 日,大雪

"宁静极了,干净极了,美丽极了"

汪家明将范用生前编选的《存牍辑览》出版后,又再接再厉,编辑了范用生前的藏信1800余封,成为四厚册的《范用存牍》。汪家明介绍说,范用先生珍爱师友的来信,都小心地粘贴到牛皮纸页上,然后装订成册,这样的册子有50多个。作为中国当代最有名的出版家,范用交往之广,令人叹为观止。作为三联书店的当家人,范用为很多老朋友出书,也为很多师友编书、找书、寄书。他的一生,几乎就是"为书籍的一生"。他待人极真诚,陈乐民评价说是"赤子之心"。令我感到有趣的是,范用退休后,写了一本很小的册子《我爱穆源》,回忆他的童年时代,回忆他的小学穆源,以及他在穆源结识的老师和同学,往事依稀,真情可见。更为特别的是,在《范用存牍》这册书信集中,可以看到《我爱穆源》出版后,范用曾分别给师友们寄去了这本书,先后有四十余位友朋在书信中均谈及了他的这本小书,令人倍感心暖。广州《随笔》杂志主编黄伟经给范用的书信中,谈到范用的这册《我爱穆源》,"不取分文稿酬",是他"一贯为人品格的必然表现"。范用给江苏文艺出版社编辑张昌华寄去了两册《我爱穆源》,一册请张昌华转赠,张也是有趣,回信说他"内举不避亲",将另一册《我爱穆源》转送给了在南京大学中文系读书的儿子。

《我爱穆源》广赠师友,可谓好评如潮。柯灵的夫人陈国容回信说:"又一本《爱的教育》。"中央文献研究室原主任李琦回信说:"使我联想起《寄小读者》"。这些都是很形象的概括。四川老报人车辐来信说:"大作《我爱穆源》使我这老顽童心灵返青,也使我进一步认识您的天真品纯,'三联书店范老'老而不苦,必定长寿!"后来车辐重读此书,来信再评,感叹道:"清心味甜,'大人能不失其赤子之心',多么善良的人。"曾在《读书》任职的杨丽华写信,说她反复阅读和品味此书,评价说:"只有二字可以形容,'清秀',所谓文如其人也!"柳肇瑞来信说:"您文笔清新朴实,娓娓道来,感到十分自然亲切。"学者朱正来信:"我也爱穆源。读完大著,我觉得好像我也是穆源的学生了。""读着这十六封信,我想,这就是赤子之心。""我觉得您是个老孩子。"文学教授赵瑞蕻写道:"你这书使我回忆起不少童年趣事。你的穆源真是个可爱的学校。"最有趣的,是作家池莉,她收到范老的赠书,既意外又高兴。"您的书一收到,翻了一翻便放不下手,一口气读完了,真好。还有 W. S. Landor 的几句诗,只过目了一遍就再也忘不了。您的书读得人心里头宁静极了,干净极了,美丽极了!"池莉的评价,既漂亮,又美好。

《我爱穆源》只是一本很小的书,它篇幅很少,收录范用写给小朋友的 19 封信,在香港初版时只收录 14 封信;它的字数也很少,初版也就四五万字的样子,后来附录了友朋的评论以及相关忆旧文章,也不过十万字左右;它的版式也很小,小 32 开本,十分玲珑。书虽然小,但寄托着范用的感情,他亲自设计了封面,请冰心先生题写了一段题词,放在了封面上,又由他的外孙女来题写书名,很见童趣。《我爱穆源》饱含着范用的感情,他通过书信这种方式,如面促膝,娓娓道来,回忆童年,讲述读书、交友、远足、唱歌、演戏、当童子军以及怎样过暑假的记忆,可谓乐在其中,更有他对当今儿童教育的忧思,期待他们能够快乐健康地成长。《我爱穆源》出版后,还催生了一个佳话。《范用存牍》也记录了这些。在上海《文汇报》编辑顾军的信中,范用与顾军合作编辑为儿童出版的专刊《星星岛》,他广邀熟悉的名家,为《星星岛》撰稿并作插画。范用为专刊"逝去的童年"专栏写了第一篇文章《我的小笑话》,并写了《编者小语》,同时邀请他的老朋友丁聪配图。他在"编者小语"中,希望"透过这些短小而有趣的文字,小朋友可以真切地感受这些'大朋友'对童年的眷念,对生活的热爱。"

2020 年 10 月 8 日

书斋清芬

一

冰心书房曾悬二联,一为冯友兰所撰,上联为"文藻传春水",下联为"冰心归玉壶";另一为祖父谢子修所撰,上联为"知足知不足",下联为"有为有弗为"。此两副书斋对联皆佳,前一幅尤为绝妙。冯友兰撰写此联,乃是贺吴文藻和谢冰心新婚的喜联,以"文藻"对"冰心",以"春水"对"玉壶",既以两人名字嵌入其中,又巧采唐诗"一片冰心在玉壶",堪称妙趣横生。在《吴小如录书斋联语》中,吴小如先生特别录写了这两副对联,对于冯友兰所撰联,吴先生有题跋评语"属对甚工"。对于谢子修所撰联,吴先生题跋评说"立意甚高"。由此亦可见吴先生对此两联的欣赏。一幅好的书斋对联,既有赏心悦目的审美价值,又有抒情言志的意义,或者还有修身养性的激励作用。吴小如先生亦极欣赏他的老师俞平伯的一副书斋对联,上联为"欣处即欣留客住",下联为"晚来非晚借明灯"。这副对联为俞平伯所撰,又由吴先生的父亲吴玉如书写。俞平伯是一代文学大家,吴玉如则是著名书法家,两位大家的合作,堪称瑰宝。这副古槐书屋对联,吴先生评价为"写得意味深长","表面上平淡无奇,其实这里面包含着得遇知音的兴致,却也有人到晚年的寂寞之感,不仔细品味是不大体会得到的"。

书斋对联讲求清雅脱俗,冰心书房的两副对联都高雅,"冰心归玉壶"一联,虽有戏谑意味,但并不俗气,且令人会心。俞平伯所撰对联中的"晚来非晚借明灯",取《说苑》里的一则典故,乃是"老而好学,如秉烛之明"之意,吴先生评价说:"这是一种积极乐观的态度,而说得十分含蓄。"其父吴玉如称赞这副对联"没有'烟火气'"。吴小如先生用他极为清秀俊美的书法来写书斋对联,所选对联内容皆有清新之气。吴先生喜集陶渊明、杜甫、苏东坡等人诗句,亦可见品位和性情。他的自撰联,亦是品位极高,其中有两副,我最是喜爱。其一是他的自撰对联:"偶从城市亲鱼鸟,独向丹铅遣岁华"。联后有题跋:"此莎斋自撰联。

上句本先君诗,改首句'爱'为'偶'字;下句杜撰,盖仆自况。然近年老妻久病,顽躯日衰,即此亦难践矣。戊子寒露。"其二是"春水船如天上坐,秋宵客向梦边来"。联后有题跋:"此莎斋就老杜诗为上联杜撰而成。盖近年体衰,入夜即就寝。值此秋夜,某日竟有佳客惠然来访,当时似梦非梦,故下联乃写实也。戊子寒露,小如录近作。"吴先生这两副晚年所作对联,用他评价老师俞平伯对联的话来说,"实际跟作诗的境界也差不多,应该是上乘的文学作品了"。

吴小如是北京大学中文系和历史系教授,古典文学修养极深,他好诗词,好戏曲,好撰联,好书法,好作文,堪称一代大家。读《吴小如录书斋联语》,有很深触动。虽是看似有文人游戏意味的对联,却彰显深厚功力。这些书斋对联,多由吴先生选录,采古今名联,可见品位,令人称赏;而吴先生又不满足于简单书写,又对选录对联,或注明出处,或品评月旦,或题记往事,虽是随手所写,却是妙手文章。吴先生录写对联:"春秋有佳日,山水有清音",题跋便是一段赏析和考辨:"此联习见,然属对自然工整,洵佳作。上句见陶诗《移居》之二,下句见左思《招隐》诗。以晋人句对晋人句,甚得体。坊间谈楹联诸书,于下联出处每误,易谂误导,不可不知。小如"。再如对联:"莫嫌荦确坡头路,且傍江山好处吟",则是别有寄怀矣,其中题跋有:"自一九五一年至庐山会议,读书人频遭磨难,乃成此联。联成于反右前后,先君为作翁松禅体书悬于壁间,后曾付印。或讥'好'字对仗不工,实则'好'字指璧环,与孔等距,亦名词也。"《吴小如录书斋联语》是清赏之作,亦是寄情之作。也因此,我十分感谢此书的编选者刘凤桥君,他鼓动吴先生写了这本书,于是令我们得以欣赏这真正属于文人书斋的一缕清芬了。

二

张中行慧眼,他是最早公开称赞扬之水的学者。那时扬之水还叫赵丽雅,供职于《读书》杂志,爱书成癖,尚未成名。张中行以"负暄三话"出名,但他多写已逝的名家文人,在世的则着墨不多,扬之水是其中的例外之一。负翁喜爱扬之水,乃是喜其好学,另一方面,还应有他独特的一个嗜好,便是喜欢闺秀小楷。《负暄三话》中也写有一篇《闺秀小楷》,谈他对于明清闺秀小楷的喜爱,经年集藏不少,且在"文革"中烧书"破旧"时,亦能不惧而留。他称赞扬之水的字,乃是"明清闺秀风格,清劲加秀丽加柔婉"。张中行对扬之水的字是分外欣赏,除了这些称赞之外,还在文章中写他曾求扬之水为他制的一方砚上题字。张中行亦有集砚之癖。对于扬之水小楷书法的欣赏,还有一例,乃是张中行在1994年曾出版一册散文选集《留梦集》,其中五十二个文前标题,都是请扬之水题写的。对于这本《留梦集》,张中行分外看重,认为是他"最偏疼爱的孩子",扬之水的小楷书法,令这本小书倍显清雅,亦是当下文学著述的一个特例。两年后,负翁的这本《留梦集》再版,又请武汉书法家张秀题写标题,风格秀丽且劲健,而扬之水则为此书的封面题写了书法,录的是晏小山词句:"今宵胜把银红照,犹恐相逢是梦中。"

扬之水供职《读书》杂志时,有一个工作安排,便是联络老作家,而她的这一笔闺秀小楷,往往能够赢得老先生们的好感。扬之水与谷林通信最勤,因都好读,而谷林当时还担任《读书》的义务校对工作。谷林对于扬之水的字颇有好评,在某年信中赞曰:"承印赠尚珂刊在《深圳商报》一文,右侧留白约三分之二,公以簪花妙笔缀写八行,布局之美,无辞能宣,遂展布案头,用畅观览,忽忽兼旬。"曾编过《古今》杂志的周劭是位遗老式人物,在信中对扬之水的字大加称赞,颇与负翁之评媲美:"久未通侯,朵云飞来,喜可知也。足下清词丽句,加以簪花妙格,方之晋人,其为卫夫人,足使美龄女士口头禅中称呼自叹甚远;在清人则为王圆照,作'郝懿行妻王氏',近代罕有能比也。"北京大学历史系教授吴小如是世家出身,书法造诣极深,他评价扬之水的字:"小楷簪花秀笔,娟丽可人。甚好。"但他作为书法修为极高的学者,对于扬之水的字也提出他的看法,"惟书法一道,端在勤于实践,且宜多方取法。如足下之'单打一',只写一种字体,即有难于更上一层楼之感。"吴先生诲人不倦,他在信中细谈他的练字心得,以期有助。这些通信,多是因为编务而起,但她的一笔小楷,无疑多有助力。

不过,扬之水倒是并不以书法家自诩。以我的印象,扬之水似乎未曾举办过书法展览,亦未曾一时兴起出过什么书法册子,倒是她的著作《采蓝集》,都是由簪花小楷写成,却又是未曾公开出版的。扬之水字虽好,但亦少为人题写书名。她曾为朋友编书作过插图,止庵初版书信集《插花地册子》收有她的书法一幅,黄成勇策划编选《赏析唐宋词》系列,亦有她的小楷书法。中国艺术研究院的郑雷研究员曾赠我一册自印本《骆驼和星》,系她抄录长沙朱健的新诗《骆驼和星》,此系贺朱健九十寿诞而制,蓝布封面,折页册子,盈手可握,令人心暖。扬之水的字,流转于文人友朋,作为答赠交流之用,故而字字难求,乃是可遇而不可求之事。我亦曾得扬之水一幅扇面小楷,乃是她抄录的《世说新语》三则,采用蓝色洒金纸,小楷书法只有绿豆儿大小,钤印"椿柿楼",真是清雅。我亦有学负翁之心,"决定装入镜框,悬之壁间,以期朝夕看看这明清闺秀的流风余韵"。

2020年9月30日、10月27日

辑三 | 品藻录

空山春雨丰子恺

丰子恺的《缘缘堂随笔》初读便有一种空山春雨的感觉。我是先读的1957年丰子恺编选的《缘缘堂随笔》,随后又读了他的女儿丰一吟编选的《缘缘堂随笔集》,前者20万字,后者35万字。我随意阅读两册集子,有读王维古诗的禅意,却茫然无法找到认清先生文章的路径。待初版《缘缘堂随笔》放在桌边,我却着实有些吃惊了。丰子恺最初在开明书店出版的这个集子,原来只是极薄的一个小册子,全书不到五万字,仅仅67页。我的这个初版,其实是人民文学出版社2000年出版的集子,系该社策划的"新文学碑林"的版本。待我读了初版,确实有些吃惊,它的文字之少,令我意外;而让我感到吃惊的还有此版本的第一篇文章《剪网》,在之后无论是丰子恺1957年编选的由人民文学出版社出版的《缘缘堂随笔》,还是丰一吟女士1983年编选的由浙江文艺出版社出版的《缘缘堂随笔集》中,均没有收录。但我读毕全书,却以为丰子恺的这篇文章,可谓至关重要,是了解其散文艺术的一个十分重要的切入点。

丰子恺在《剪网》中写到了他生活在上海的大娘舅对于金钱的态度,因为在上海"什么都有",但"一想起铜钱就不开心",随后又议论道:"我每逢乘坐船,乘车,买物,不想起钱的时候总觉得人生很有意义,对于制造者的工人与提供者的商人很可感谢。但一想起钱的一种交换条件,就减杀了一大半的趣味。"进而论述道:"我仿佛看见这世间有一个极大而极复杂的网。大大小小的一切事物,都被牢结在这网中,所以我想把握某一种事物的时候,总要牵动无数的线,带出无数别的事物来,使得本物不能孤独地明晰地显现在我的眼前,因之永远不能看见世界的真相,大娘舅在大世界里,只将其与'钱'相结的一根线剪断,已能得到满足而归来。所以我想找一把快剪刀,把这个网尽行剪破,然后来认识这世界的真相。"随后,丰子恺强调说:"艺术,宗教,就是我想找求来剪破这'世网'的剪刀罢!"这本集子既没有前言,也没有后记,但我读了这篇文章,甚是觉得它可以作为全书的序言的,因为最后一句话,等于是丰子恺的一种精神宣言。

与此段宣扬的主题类似的,是我在文章《儿女》的末尾读到的一段话:"近来我为四件事所占据了:天上的神明与星辰,人间的艺术与儿童。"这四种事物,丰子恺认为对于他是同等的地位。丰子恺是艺术家,他能弹钢琴,善于绘画,又精通外语,是著名的翻译家,而他师从的则是后来皈依佛教的弘一法师,甚至可以说,丰子恺的人生追求与信仰也都受到了弘一很深的影响。作为"五四"时期的作家,丰子恺的意义或许是在另一个维度上展开的。他是佛教徒,但同样反对封建的枷锁和压迫,以佛教的另一个方面来表达他对于人的自由与童真的礼赞,在这册初版《缘缘堂随笔》中体现得非常充分。如在《自然》一文中,他便这样议论道:"人体的美的姿态,必是出于自然的。换言之,凡美的姿态,都是从物理的自然的要求而出的姿态,即舒服的时候的姿态。这一点屡次引起我非常的铭感。无论贫贱之人,丑陋之人,劳动者,黄包车夫,只要顺其自然的天性而动,都是美的姿态的所有者,都可以礼赞。"

我不知道有没有佛教启蒙者这一说法,但读过丰子恺的散文作品,便有这样的感受,仿佛通过他的文章,能够让人豁然开朗,且有着一种空山细雨般的空灵与滋润。《颜面》同样是丰子恺很重要的一篇文章。他在这篇文章中先从其师李叔同教他练习弹钢琴时的面容谈起,议论了绘画中面容的关键,这也可能是体现其绘画法则之处。他认为在颜面上,口与眼是一样重要的,并从艺术家的角度表达了自己对于自然世界的态度:"艺术家要在自然中看出生命,要在一草一木中发见自己,故必推广其同情心,普及于一切自然,有情化一切自然。"文章《儿女》也是令人感动的,此篇中丰子恺表达了对于人类天性的礼赞,"我——我们大人——的举止谨惕,是为了身体手足的筋觉已经受了种种现实的压迫而痉挛了的原故。孩子们尚保有天赋的健全的身手,与真朴活跃的元气,岂像我们的穷屈,揖让,进退,规行,矩步等大人们的礼貌,犹如刑具,都是戕贼这天赋的健全的身手的。于是活跃的人逐渐变成了手足麻痹,半身不遂的残废者。"

丰子恺的《闲居》本是一篇十分闲适的小品文章,也显示了其在艺术修养上的较深造诣,读后却发现他意不在"闲",而在于对于人的天性的浪漫书写。他说在闲居时候,自己喜欢把一天的生活的情调来比方音乐,"如果把一天的生活当作一个乐曲,其经过就像乐章(movement)的移行了。一天的早晨,晴雨如何?冷暖如何?人事的情形如何?犹之第一乐章的开始,先已奏出全曲的根柢的'主题'(thema)。一天的生活,例如事物的纷忙,意外的发生,祸福的临门,犹如曲中的长音阶变为短音阶的,C 调变的 F 调,adagio 变为 allegro。其或昼永人闲,平安无事,那就像始终 C 调的 andante 的长大的乐章了。以气候而论,春日是孟檀尔伸(Mendelsson),夏日是菲德芬(Beethoven),秋日是晓邦（Chopin），修芒（Schumann），冬日是修斐尔德（Schubert）。这也是谁也可以感到，谁也可以懂得的事，试看无论甚么机关里，团体里，做无论甚么事物的人，在阴雨的天气，办事一定不及在晴天的起劲，高兴，积极。如果有不论天气，天天照常办事的人，这一定不是人，是一架机器。"

1932年出版的这册《缘缘堂随笔》，充分展示了丰子恺的才华，也表达了他对于艺术和生活的理念。随后丰子恺又陆续写作了大量的随笔，先后编选为《缘缘堂再笔》《缘缘堂新笔》《缘缘堂续笔》等，丰一吟女士汇集并编选成一册《缘缘堂随笔集》。但我以为，丰子恺的随笔作品，初版本的《缘缘堂随笔》中收录的随笔实乃水平最高，因其浑然天成，具有一种纯粹、质朴的气息，而后来的随笔之中，宗教的气息和政治的味道逐渐呈现出来了，唯独艺术的感觉尚存。这也就是为什么在后来出版的《缘缘堂随笔》中，还收录了一篇日本作家谷崎润一郎的文章《读〈缘缘堂随笔〉》。此篇文章讲到了丰子恺的随笔在日本由汉学家吉川幸次郎翻译出版，吉川并在《译者的话》中评价和称赞丰子恺，"我觉得，著者丰子恺，是现代中国最像艺术家的艺术家，这并不是因为他多才多艺，会弹钢琴，作漫画，写随笔的缘故，我所喜欢的，乃是他的像艺术家的真率，对于万物的丰富的爱，和他的气品，气骨。如果在现代要想寻找陶渊明、王维那样的人物,那么,就是他了吧。"

丰子恺于民国二十年(1931年)在开明书店出版的《缘缘堂随笔》初版,我在孔夫子旧书网上见到一家旧书店出售民国三十五年(1946年)二印的集子,仅售200元,十分惊喜,立即下单。这个版本的封面与初版有所区别,但更清新可喜。原本希望能够早日见到这册民国版本的名著,但第二日我便收到了店主发来的短消息,告知此册著作已经售出了,由于电脑系统的缘故而没有及时删除。这样的事情,于我来说,遇到的已经不是一次了。去年我曾想在网上买一册汪曾祺在台湾出版的《寂寞与温暖》和一册漓江出版社的《汪曾祺自选集》初版精装本,前者大陆少见,后者出版时只印制了四百五十册,因此也是十分稀少的,但店主告知因为一位著名的出版人需要这两册书作为参考,请我忍痛割爱。没有买到民国版的《缘缘堂随笔》,虽有遗憾之处,但人民文学出版社以"新文学碑林"的形式印刷出版这个集子,也是一件很好的事情。我庆幸自己读过这个小册子,才对丰子恺先生有了更为深刻的认识。

2016年4月19日

黄裳晚年散文一瞥

黄裳一生著述甚丰,出版各类文集令人眼花,如若对其了解不多,则难以理清头绪。黄裳的著述生涯,大体可分为四个阶段,其一是早年文章,大体在20世纪五十年代之前,代表作有《锦帆集》《锦帆集外》《金陵杂谈》《旧戏新谈》《关于美国兵》等;其二为20世纪七八十年代,在经历十年"文革"之后,黄裳虽已近花甲之年,但仍以井喷式的写作激情,完成了其一生最主要的著述,代表作有《榆下说书》《翠墨集》《银鱼集》《珠还记幸》《负暄录》《惊弦录》《花步集》《晚春的行旅》等;其三是20世纪九十年代,大体延续第二阶段的写作,但激情有所降低,主要代表作有《妆台杂记》《榆下杂说》《春夜随笔》等;其四则是进入21世纪之后,黄裳的写作大体进入退潮期,虽然仍写作不辍,但多是随心所作,专题性写作较少,其文集也多是随写随编,代表作则有《海上乱弹》《来燕榭文存》《来燕榭文存二编》等。以上所列,还不包括黄裳所编的自选集、专题性文集以及重复收录的一些集子。

也可以按照所作内容的主题来划分其文集。黄裳在2010年的文章《巴金和李林和书》中,对于其"上世纪七八十年代之交,重新获得发表作品权利以来"的写作曾有过总结,且认为"的确写了不少东西"。他将这些作品分为三个方面:"一是写杂文和游记零篇,多发表于'大公园',荣幸地追随《随想录》之后以'特约稿'的方式出现;二是写较长篇的记人、记游文字,多发表在《收获》上;三是在《读书》上的连载'书林一枝'。当时'拨乱反正',被抄没的藏书,陆续部分地发还,这意想不到的旧物重归,在我是一种大欢喜,也触动了旧有的读书零感,在写了一些论辩文字之外,也随意地说到有关访书的种种琐事。"这段回顾,既有对其写作内容的分类,也谈及自己主要刊载文章的园地。大约第一种文字,主要结集在《花步集》《惊弦录》和《负暄录》之中;第二种文章,主要集中在《珠还记幸》《晚春的行旅》以及收录在《妆台杂记》中的"故人书简"系列;第三种文章,主要代表则是《榆下说书》《翠墨集》《银鱼集》《来燕榭书跋》等。

似乎还可以按照出版社的不同,对于黄裳的文集进行分类。北京的三联书店曾列出"三联版黄裳著述"目录,主要如下:《榆下说书》(1982年,1998年),《银鱼集》(1985

年),《珠还记幸》(1985年),《翠墨集》(1985年),《珠还记幸(修订本)》(2006年),《来燕榭少作五种》(2009年),《来燕榭文存》(2009年),《来燕榭文存二编》(2011年)。可以说,黄裳在三联书店出版的著述最多,且多系第一次结集出版,故而最值得重视。以上也可看出,黄裳与三联结缘最深的,主要在20世纪八十年代范用主政时代。值得注意的是,晚近三联出版《来燕榭少作五种》,结集黄裳早年出版的《锦帆集》《锦帆集外》《金陵杂记》《旧戏新谈》《关于美国兵》,这样算来,三联其实出版黄裳著作共计11种,占黄裳初次结集的著作的半壁。另外,经范用介绍,黄裳还在三联书店的香港分店出版过三册著作,且在他看来是"漂亮的小书",分别为《珠还集》《山川·历史·人物》和《晚春的行旅》。对此,黄裳在一篇文章中特别感慨:"我对三联是充满感谢之情。"

以上三种对于黄裳自编文集的分类,并非特别确切,但也是认识黄裳创作的一种途径。其实,黄裳有一些主题性著述在读者中颇有声誉,但多系后来梳理同类文章结集而成的。诸如他的《金陵五记》,则是分别集结《锦帆集外》《金陵杂记》《花步集》几个集子中和"金陵"有关的文章;再如《笔祸史谈丛》,则结集了《榆下说书》《榆下杂说》等几个集子中与"文字狱"有关的文章。颇有声誉的《来燕榭书跋》在出版之前,则在《翠墨集》中就有收录,分别为"藏书题跋"

"云烟过眼新录"等;而在《榆下杂说》中,又收录有"来燕榭书跋"多例;后来黄裳又在岳麓书社出版过一册《梦雨斋读书记》,系其新作书跋文字的结集。由此可见,黄裳生前在出版文集时,时常会在文集中辑录自己所写的书跋,可见其对此类文字的偏爱。他的另一册文集《掌上的烟云》,也收录他的"来燕榭书跋"57篇,其他文字则多分散在各个文集之中。还有一册"书话"自选集《书之归去来》,文章多出自《榆下说书》《珠还记幸》《榆下杂说》等多个集子。

黄裳作为藏书家,其书话写作自是最为上乘。读黄裳书话作品,最应关注《榆下说书》《翠墨集》《银鱼集》和《榆下杂说》四册。《榆下说书》初版于1982年,1998年、2006年、2019年先后三次再版,可见其影响。此书有几篇文章,写得十分扎实和漂亮,堪称名篇,诸如《关于柳如是》和《杨龙友》。此类文章多以黄裳收藏的古籍旧本为资料,能别开生面,娓娓道来。其中《关于柳如是》,对于柳如是这个明清之交的女性人物给予独到的评价,可谓笔底有风云矣。而《杨龙友》一文,则是一篇对《桃花扇》中予以丑化的人物形象,给予翻案,难得黄裳在钩沉冷僻史料中发微,言他人之未能言,可见其独立思考的能力。此两篇文章,足以奠定黄裳在文史学界的地位,也是其利用藏书而作文章的代表之作,此后,黄裳也再难写出这样的精彩文字了。《榆下说书》中的系列文章《谈善本》《谈题跋》《谈集部》《谈禁书》《再谈禁书》，均是以其藏书为根底，颇值得一读。其中《谈禁书》与《再谈禁书》两文，可为互补，亦有独到之见。

《银鱼集》初版于1985年2月，2006年曾再版。此书有几个系列文章，都是很扎实的，延续了《榆下说书》中一些风采，但略有不及，主要包括谈张宗子的三篇，谈余澹心的两篇，谈吴梅村的三篇，另有"访书记"三篇。这其中，谈张宗子的文章最能见出黄裳对于晚明散文的传承，同时也可以看出黄裳除了对于古籍珍本有很高的鉴赏能力，其对于散文这一文体亦有很高的艺术鉴赏水平。但黄裳对于张宗子，也并非一味称赞，诸如谈及张岱的《扬州瘦马》，黄裳称赞作者对于"挑选货色"过程描写，"一切全都像活得一样"，但"也暴露了他的立场与低级趣味"。《张岱〈琅嬛文集〉跋》写得非常漂亮，从他的两则题跋入手来写，看出藏书家和文章家的功底，令人想起周作人介绍其收藏陶渊明文集的随笔，这其中是否有着某种影响，或许是值得深究的。在文章中引入随手所作的古雅"题跋"或"题记"，乃是黄裳读书文章的一个特别之处。《海滨消夏记》亦是如此，谈钱锺书和陈垣的文字，乃是"需要细嚼慢咽"，又评价其为"像青果似的很有余味的读物"。

《翠墨集》初版于1985年12月，2006年曾再版。此书前半部为读书记,后半部则为文化杂感。这其中,《藏书题跋》《残本九种题记》《云烟过眼新录》《题跋一束》等又占了很大篇幅,这些文字乃是黄裳随手而写,但又分外有情,其中可见藏书家的身影,在黄裳来说,也是一种散文,而非版本目录学的体例。黄裳自述,他的这种"题跋",承接藏书家黄尧圃和傅增湘,多谈得书的过程,书籍的外观,阅书的心情,等等,赏心悦目。这些文字,黄裳后来结集并以不同形式出版,分别有《来燕榭书跋》《惊鸿集》《前尘梦影新录》《劫余古艳》《梦雨斋读书记》等多种,由此奠定其藏书家之地位。在《梦雨斋读书记》中,黄裳就对其一段题跋予以阐述:"跋中所记得书经过、书坊情状、板刻纸墨、个人感慨,有如日记,与旧时藏书家的著作,颇异其趣,其实只不过是另一种散文而已。"黄裳此类文字,声望甚高,此处不赘。《翠墨集》中有短文《怀素〈食鱼贴〉》,介绍新刊的唐怀素《食鱼贴》真迹,是颇得晚明小品神韵之作。

《榆下杂说》初版于 1992 年 8 月,2006 年曾再版。此书其实水准堪和前几册读书文集相论,但影响稍逊,实属憾事。此书与 1994 年 10 月出版的《春夜随笔》可参照来读,《春夜随笔》亦于 2006 年再版过一次。此两书中,黄裳有意为古今的藏书家和贩书者作文,收录于前者的有《关于祁承㸁》《关于张绲彦》《老板》《爱书者》《叔弢先生二三事》等,收录于后者的,则有《悼风子》《弢翁遗札》《记郭石麟》《记徐绍樵》等。尤其是谈及其熟悉的藏书家和贩书者,可谓"文情俱胜",令人唏嘘。《榆下杂说》还收录一组谈"笔祸"的文字,如《雍正与吕留良》《查·陆·范》《清代的禁书》《几乎无事的悲剧》《避讳的故事》《名教罪人》《禁本小记》等,这些文章皆不是泛泛而谈,乃是从收藏的清代禁书中读出历史的血腥和残酷,其中《几乎无事的悲剧》一篇,可谓代表。另有《读画记》一篇,亦值得留意。此文本系给戏画家马得画集写的序言,非常从容,从中可以看出论者对于中国古典戏曲和绘画的熟稔,非大家作手不可为也。

黄裳"记人"的文章,上述与书有关的几篇之外,主要集中在《珠还记幸》一书中,其他则分散在各类集子之中。《珠还记幸》堪称黄裳又一名作,初版于1985年,曾两次再版,又多次重印。黄裳在此一系列记人文章中,又开创了一种散文写作的范例,乃是图文互补,既有文人雅趣,又有独家资料,令人赏心悦目。《珠还记幸》谈及郭沫若、朱自清、茅盾、许寿裳、乔大壮、冰心、冯至、废名、曹禺、李广田、浦江清、俞平伯、郭绍虞、张元济、沈尹默等现代文史名家。他通过回忆收藏这些名家的手迹的过程,来追忆与他们交往的情形,并以此勾勒人物性格,兼及命运,由此也折射出一些特别的时代气象。其中《茅盾印象》《冰心的手迹》《海内存知己》《槐痕》等几篇,写得最为从容,也最能看出其非凡的笔力,论者心底的情韵也均展露。这其中,有对于所谈对象性格与品德的点染,有对于其学识的理解,也有对其书法的玩赏,故而能显出特别之处。《宿诺》一篇,谈及一段佳话,涉及沈从文、卞之琳、靳以和张充和,读后口齿留香。

"珠还记幸"系列之后,黄裳又曾作"故人书简"系列,先后有《故人书简——怀念叶圣陶》《故人书简——叶圣陶二通》《故人书简——沈从文》《故人书简——钱锺书十四通》《故人书简——忆汪曾祺》《关于王昭君——故人书简·忆汪曾祺》《也说汪曾祺》等多篇。这些篇章再开一种写作范例,乃是由"故人书简"引发记忆,谈师友风貌,别具一格。黄裳的这种写作,一方面抄录独家珍藏书信,加以补充、发挥、追记,形成了一种共同书写的文章,且特别融贯,连结一体,而不给人造作之感。《钱锺书十四通》一篇,可谓其中的佳作。黄裳录钱锺书十四封珍贵书信,可谓光彩夺目,又加以补记和追忆,有些甚至不加任何评注,却最终浑然一体,勾勒出钱锺书与杨绛的个性与神态,堪称妙文。谈汪曾祺的一组,亦好。特别是《也说汪曾祺》一篇,便有作文炫技的感觉了。黄裳在数谈老友汪曾祺之后,就余下的一篇未曾示人的"故人书简",展示了老朋友的深情厚谊,而这篇文章,又以书简的形式写成,形成了一种多声部的效果。

黄裳"记人"之作,最为集中的应是关于巴金的。巴金对黄裳有知遇和提携之恩。这些记巴金的文字,分散在黄裳的诸多文集之中,近亦有编者汇集为《记巴金》一书,收录《记巴金》《思索》《关于巴金的事情》《请巴金写字》《琐记》《伤逝》《李林先生纪念》《巴金和李林和书》《关于〈随想录〉的随想》《萧珊的书》《草根宗庙》《海内存知己》《"干扰"》《〈锦帆集后记〉附记》《〈晚春的行旅〉序》《西行书简》《一封信》《忆黄河清》《曾祺在上海的时候》等。其实,《南开忆旧》中也有黄裳关于巴金兄长李尧林的零碎回忆,似不应错失。这些文章中,多文质并美,不少文章甚至很有沉郁顿挫之感,尤以收录于《负暄录》中的《记巴金》和《〈晚春的行旅〉序》两篇,堪称其中翘楚。《记巴金》有时代印痕,其中写十年灾祸后的巴金,谈及 1976 年 10 月下旬与巴金在淮海路公园转角处相遇的场景,写得极简洁而又极传神,颇得沧桑之味。《〈晚春的行旅〉序》中谈及和巴金一起访问江南的片段,与一些风景闲笔,是相得益彰的。

　　游记文字亦是黄裳所偏爱的。虽然黄裳生前出版各类有关旅行的文字不少,但以文集来论,似应关注《花步集》和《晚春的行旅》两册即可,《妆台杂记》中收录两篇长文《昆明杂记》和《五日长安》自然也不可错过。他在香港出版的游记《山川·历史·人物》和《晚春的行旅》两册,原本是想用

"富春集"这样的名字出版的,终于未果。而他的又一册此类文集《一市秋茶》,原本拟名"游踪",也是未能如愿。关于黄裳的游记文字,用他的书名"山川·历史·人物"来形容,乃是最为妥帖的。《晚春的行旅》初版于 1986 年 10 月,是记录他在"文革"后访问江南的笔记,"晚春"二字,颇可玩味。此书中的《淮上行》和《好水好山》两篇长文,很见功夫,又写得摇曳多姿。《好水好山》写安庆,这里的长江和浮山,乃是兵家必争之地,也曾是太平天国少帅陈玉成和湘军厮杀之地,为突出这场厮杀的残酷,以及太平军的勇猛,黄裳采用了旧藉野史中的一个闲笔,可谓点睛之处。虽是闲闲写来,却是惊心动魄的:"战斗结束,地面上到处都散落着清军将佐的纬帽,帽上红蓝顶子闪着清冷的光泽,就像窗外盛开的秋菊枝头的花朵。"

关于黄裳的杂文作品,多系随感杂谈,有鲁迅风味,相比其书话、记人及记游文字,则远不及后者的从容与"回环咀嚼"。不过,其中也有佳作妙品,诸如收录于《惊弦集》中的《好快刀》和《如梦记》便是,前者泼辣,后者蕴藉,均是十足难得的。特别是《如梦记》,犹如一部极短的电视纪录片,有背景,有故事,有画面,而背景极特殊,故事极平淡,人物极困顿,画面又极饱满,真可谓如梦如尘矣。黄裳晚年写了不少"打笔仗"的文字,似也可归入这类杂文范畴,乃是颇有

"攻其一点""嬉笑怒骂"的毫不留情。他晚年出版的《来燕榭文存》和《来燕榭文存二编》中,就颇多此类文字。在2004年所写《答董×》一文中有如下一番自况:"不妄今年亦八十五矣。一直不记得自己的年纪,亦未尝以老人自居。近仍不时动笔,说些怪话,以之自娱。婆娑度日,不敢言老。仍不失少年凌厉之气,可以告慰于知人。"黄裳此类文字,多将罪责归于人性之丑恶,然此中亦有认识的局限,诸如现在看其早先批判"文革"中的政治丑行,就颇觉隔膜了。

　　黄裳早年的文字,有三联汇辑的《来燕榭少作五种》。黄裳少有才情,此中可见,而此一时期文字,也应再做专文论之。倒是《海上乱弹》中收录黄裳的日记《五十年前的十月》,虽是摘录日记,杂事碎语,却颇有滋味;另外,《来燕榭文存二编》中收录其1950年1月14日写给巴金和萧珊的《一封信》,颇见雅趣和才情。此处,特录部分内容如下:"北京太可爱了,越住越不想走。大约还得等十天。前两天东奔西跑,拜客请客,今天才空下来,可以自己玩了。去看沈从文一次,不在,未遇见。在玉华台请客一次,来者二十许人。自府委、部长至大学教授,济济一堂,谈到两小时才散。老舍大喝酒,大谈林语堂、胡适,还当场唱大鼓,甚妙。圣陶兴致亦好。遇见冯至,《杜甫传》将杀青,不知'平明'仍需此稿否?东安市场详细巡视一遍,《屠格涅夫全集》只有一本。

法文图书馆尚未去。酒在哪里买,请告。"极短的信件,告知赴京情况、老友现状、所托事宜,散淡有味,令人神往。由此亦可见,作为文章家的黄裳,其日记和书信亦是别有滋味的。

2020 年 4 月 20 日

郁郁乎文哉

园林艺术家陈从周,原名郁文,以字"从周"行世。陈从周生于浙江杭州,出身书香人家,其名与字皆取自《论语·八佾》:"郁郁乎文哉,吾从周"。陈从周早年毕业于之江大学文学系,后因爱好园林艺术,自学成才,终成一代园林艺术大家。而其确如父辈所望,终生爱好文章事业,著述颇丰,可谓"郁郁乎文哉"。在陈从周的著述中,最有名者,莫过于他的《说园》五篇。这些文章先后刊于1978到1982年《同济大学学报》的建筑学版,以一年一篇的速度完成,系其毕生研究园林艺术的精华所在。《说园》五篇,最初收录于陈从周1980年出版的文集《园林谈丛》,后又在1985年以此五篇长文为内容,结集为一部《说园》。之后,陈从周亦有关于中国古典园林艺术的文章问世,源源不断,但若纵读其一生著述,最精彩的篇章基本汇集于《园林谈丛》一书,而最为精华的内容,也就是这五篇《说园》长文,堪称空前绝后之作。

《说园》五篇,乃是陈从周在"文革"后的厚积薄发之作,系其谈论园林艺术的学术心得,但陈从周采用的方式,不是现代的论文写作,而是以传统的中国笔记写成,每篇文章皆是由一条条独立的笔记心得组成,文采斐然,一点不输明清小品。以五篇《说园》,且系长短不同的笔记心得,来奠定一代园林艺术家之地位,可谓当代学界的一个特例。《说园》五篇之外,收录于文集《园林谈丛》中的其他文章,也是佳作迭出,既显示出其在中国古典园林艺术上的深厚造诣,亦可看出其极为出众的文学才情。诸如《苏州网师园》《苏州环秀山庄》《苏州沧浪亭》《瘦西湖漫谈》《扬州片石山房》等篇目,皆是难得的好作品。文学评论家李陀编选《给孩子的散文》一书,特别选陈从周文章《苏州网师园》一篇,显出选家不流于俗的眼光。不过,相比此篇,《苏州环秀山庄》也很值得留意,其重点谈中国古典园林的叠山艺术,令人耳目一新。

改革开放之后,陈从周从政治磨难中得到解放,在将近十年时光之中,他的著述不断问世,先后出版《书带集》《春苔集》《帘青集》《随宜集》《世缘集》等五种,显示出旺盛的写作激情。这些文集皆装帧雅致,由俞平伯、钱仲联、邓云乡、冯其庸、王西野等学界名流作序,其中以邓云乡的序言最为妥帖。论及陈从周的散文,邓云乡有这样的一段精彩评价:"他的散文,有才情,有文采,更重要的是有感情,有真实的喜怒哀乐。'诗言志,歌咏言',如果说写文章有载道派、有言志派,那么他的文章是言志派的,即心中的真实情感,喜怒哀乐,激动着他想用文字表达出来,所以他的文章是写出来的,不是'作'出来的、'编'出来的;是随笔式的,不是说教式的、口号式的;是有感而发的,不是无病呻吟的、装腔作势的。我不知读过他多少篇随笔式的短文,感到有的像溪涧涓涓细流,有的像小池明澈的秋水,自然的也像檐头淅沥的苦雨……"

在陈从周的这五册文集之中,可以看出其晚年作为园林艺术家权威的一面,除了少部分介绍古典艺术园林的文章,以讲座、游记、忆旧、序跋、琐谈等内容为多。这些文章积极为中国古典艺术园林奔走呼告,亦不乏书生意气的一面。邓云乡对此有着较为深刻的体察,他评价这些小品随笔背后的陈从周,"是一个有脾气而又天真的人,眷恋着传统文化,护卫着传统艺术气氛,他在文字中执着地表现着这点"。这一时期的文章,一方面可以看出陈从周心境的畅快,另一方面也可以看出他在文章写作上的不特意经营,直抒胸臆,漫笔成文,在文章蕴藉上则是颇为逊色一些的。他的杂文小品,多批评国人对于传统文化的肆意糟践,常常带有一种无可奈何的焦躁与失望。倒是收录于《帘青集》中的一篇《瘦影》，系怀念著名建筑学家梁思成而作，写得生动、幽默、从容，从一些小事勾勒出一个有风度有学识的前辈学人，读后令人怅然。

值得注意的是，陈从周对于传统文化，除了古典园林艺术之外，在昆曲、书画、美食等方面，皆有较深造诣。他极好昆曲，平生结交戏曲界名流，前辈俞振飞，与他是忘年之交，晚辈华文漪、岳美缇、梁谷音等昆曲名家，则视他为师。而他也为后者写出了诸多文章，堪称艺林佳话。在《画梁软语 梅谷清音》一文中，陈从周特别写到他主持上海豫园东部重建落成，梁谷音游园品味其叠堆的假山时，"忽然引喉一唱，嫣然一笑"，由此"顿如佛家之悟道"，于是便给这一假山取了一个"谷音涧"的"芳名"，真可谓神来之笔。在文章《以园解曲 以曲悟道》中，又写道，在主持建造豫园东部之时，梁谷音就常来观察学习，"为了观察廊子与水面，她歌喉乍啭，用以证实在园林中唱曲的音响是否理想，因为中国园林中必须顾曲，所谓声与景的交融成趣。"后来，梁谷音果然在豫园的古戏台演出了昆剧《潘金莲》，成就了中国艺苑的又一佳话。而由此所写成的一系列谈论昆曲与园林的文章，诸如《豫园顾曲》《顾曲名园中》等，都是他人难以体会和完成的。

陈从周的这五册文集,谈论古典园林艺术的文章,虽不及《园林谈丛》一书的集中、整齐和精彩,但也有少许篇章值得留意。陈从周的女儿陈馨编选了一册《园林清话》,收录其父一生谈论中国古典园林的最精彩篇章。经仔细查对文章出处,其中收录《园林谈丛》所收文章共计二十篇,占全书一半;而《书带集》除去与前者重复的三篇之外,收文章五篇,分别为《梓室谈美》《园林美与昆曲美》《留园小记》《双环城绕水秀园》《恭王府小记》;《青苔集》收文章四篇,分别为《园林与山水画》《怡园和藕园》《闲话西湖园林》《此园浙中第一》;《帘青集》收文章五篇,分别为《中国诗文与中国园林》《贫女巧梳头——谈中国园林》《园林分南北景物各千秋》《园林清议》《明清园林的社会背景与市民生活》;《随宜集》收文章仅两篇,为《中国的园林艺术与美学》和《豫园顾曲》;而《世缘集》仅收文章一篇,为《同里退思园》。尽管这只是编选者的一家之见,但亦由此可见,能够和《园林谈丛》所收文章相提并论的佳作,实并不多矣。

陈从周晚年最后一部自编集《梓室余墨》,系一部十分特别的随笔杂集。相比之前的诸多文集,陈从周的这部文集自题书名,无名家作序,亦少人关注,实际上却是可以和他之前的《园林谈丛》相提并论的一部自编文集。此著虽不如《园林谈丛》中文章之精致,但亦可看出陈从周之良苦用心。《余墨》意为其做文章的"多余素材",乃是写文章和做学问的边角料,包括见闻、考证、笔记、摘抄、整理、掌故,等等,体例有几分张岱的《夜航船》,几分周作人的《书房一角》,也有几分郑逸梅的《艺林散叶》,而陈从周在此书中,多关注建筑与园林,以及与之相关人与事,故而别有一番风味。此书之卷一、卷二完成于 1972 年 10 月至 1973 年 5 月,卷三完成于 1973 年 5 月至 1973 年 11 月,卷四完成于 1974 年国庆节,卷五完成于 1976 年 12 月,卷六则系"1961 年 8 月初稿,1962 年 10 月订补,1963 年 11 月再修订增补,1977 年 10 月记"。陈从周的这些"余墨",乃是他在黯淡的人生岁月里的默默耕作,亦可看出他的坚执和清高。

2020 年 3 月 6 日

醇醇多古情

谷林原名劳祖德,大半生从事会计工作,晚年写作自娱,著述不多,但颇为识者所赏。有论者由谷林想到了曾做过会计的英国散文作家查尔斯·兰姆,对此,谷林倒是一番特别的自嘲:"兰姆当了三十六年的小职员,他牢骚满腹地说,他生平的伟大著作,都已被锁藏进东印度公司的账桌抽屉里。世上以会计工作终其身,直至退休的男男女女,只恐怕不止成千上万,但像查尔斯那般发牢骚动人听闻的有几个呢?"谷林自忖"不敢去盲目与之攀比",但诸如兰姆这样的会计人员,又能写一手好文章者,世上又有几人呢。谷林与一般的会计不同的是,他不但爱读书,是个真正的书迷,而他曾供职多年的新华书店总管理处和文化部出版事业管理局,也还算是个与文化打交道的地方。后来,他又调至国家历史博物馆,以十多年的时间,校订一部二百余万字的《郑孝胥日记》,算是成为一个文化界的边缘人物。也正是因为这段经历,使得他有机会与刚刚创刊的《读书》杂志结缘,有幸成为这份杂志的编外校对和作者,也是读书圈的一个小小佳话。

起初,谷林在《读书》杂志所写均为短章,且以女儿之名借作笔名,乃是有意于隐的。他给当时尚在《读书》杂志任职的编辑扬之水的信中,这样写道:"我只是想看看闲书消日,并非求学做学问,偶有会意,记以小文,自鸣其幸遇和欢悦,故读写皆属'计划外'项目,而读更先于写也。"这种无意为之的行为,却使他很快收获了一册小书《情趣·知识·襟怀》,收录于三联书店的"读书文丛"之中,与已颇有影响的王佐良、董鼎山、董乐山、流沙河等作家学人同为一辑。数年后,他的另一册读书随笔集《书边杂写》,列入辽宁教育出版社的"书趣文丛"第一辑,且得以与施蛰存、金克木、唐振常、辛丰年等名流同列。这两册小书,令谷林在爱书人中声名鹊起。《淡墨痕》是谷林生前出版的最后一册文集,收录在岳麓书社的"开卷文丛"第二辑之中。至此,谷林生前共出版文集三册,总计字数不到四十万字,可谓少矣。谷林去世后,由止庵编选其散落的文字,成为《上水船甲集》和《上水船乙集》,但就水准来说,远不及生前出版的三册集子。

谷林虽晚来作文,但他起手极高,对于评价文章高下,则常常强调一个"回环咀嚼",或者是否能够"咀嚼慢咽"。

故而在文章的立意、布局、修辞和素材使用上,谷林都是颇为讲究的。在1995年给扬之水的一封信中,写到他对于写作读书随笔的理解:"写书话,是不是宜把视线收紧些,引例最好'攻其一点,不及其余',因为不是写导读,或曰学术性的评论,随笔小品拿一本书来做引子,这是借他人酒杯,触发自己的郁结,引例一多,放心难收,不免'缺少景深'。"在1998年给沈胜衣的一封信中,亦有相似的论调:"前面说到的书话极好,是因为浓浓的感情皆淡淡着墨,不用长吁短叹,没有宏论傥议,切切实实写出一些细节,此等风格不仅仅能求之知堂翁集中也。"也正因此,收录在谷林生前出版的三册集子中的文章,几乎篇篇为佳,虽多是读书小品,但并不泛泛写来,也不长吁短叹,更无艰涩的学术话语,均是能够"切切实实写出一些细节",用他的笔头尽可能把议论的"景深"拉得很远,故而很有一些可以"回环咀嚼"之处。

现代以来的作家,谷林自始至终都最服膺知堂笔下的文章,而他研读知堂文章,也最为细心,有些甚至到了痴迷地步。《曾在我家》堪称谷林的代表之作,乃是谈他读周著,藏周著,以及因此与作者结缘的书人往事。这是一篇写读者与自己仰慕作家交往的文章佳构,写他搜求周作人文集的往事,以及因此而两次登门拜访的经历,文章沉静而优雅,也留下了一份特别的文坛资料。《等闲变却故人心》亦可作为谷林谈知堂文章的代表,此文系其读周氏《知堂回想录》而作,但只谈其中的一节《元旦的刺客》,并就周氏回忆1939年元旦在八道湾遇刺一事进行议论。对于周氏的回忆,谷林写道:"叙事不过两百字,全景已描绘得清清楚楚,推想当时运作,无非三五分钟罢了。两客先后开腔,合并字数,寥寥九字,此之谓要言不烦。"这"寥寥九字",乃是刺客问:"你是周先生么?"作为学生的访客沈启无则回答另三个字:"我是客。"对于这三个字,谷林认为"大堪咀嚼"。由此,谷林继而谈这一对师生后来的关系破裂,并认为此或已为两人交恶埋下了"伏笔"。

与《等闲变却故人心》一样令人"回环咀嚼"的,可推《绘画,写历史》一篇,亦是在字里行间读出了微意。此文谈冰心的散文集《记事珠》,但谷林专门挑出其中的一篇散文《我的故乡》来谈,乃亦是"攻其一点,不计其余"。此文先从他在博物馆整理严复日记的往事谈起,颇有些白头闲话的寂寞,并不经意地提及日记中的一句"谢子修故,八十七岁"。在他读了冰心的散文《我的故乡》后,恰恰证明了谢子修不但是冰心的祖父,而且与严复是朋友,这种读书,真有种他乡遇故知的"幸遇和欢欣"了。到此,谷林又写到了一个闲话,乃是他因此为"谢子修"所作的脚注上,特别加了"作家冰心的祖父"七个字,并希望由此"引逗某一些读者的闲览兴趣"。文章至此,本亦该结尾了,谷林笔锋却又是一转,写到冰心关于童年读书的记忆以及家庭出身的论述。但经过谷林的又一番考证,这两条记叙均值得推敲。待到此时,谷林才写到他作此文的意图:"人们所有的回忆,不由自主,总是要经过情感的筛选。冰心也是在她记忆的画本上绘画吧?"

谷林的这种在字里行间读出微妙之处的,很能体现他作为爱书人的性情之处,想来也与他多年从事会计这一职业所养成的敏感细心,不能不说是很有些关联的。他还有一些文章,诸如《〈争座位帖〉与〈苦住帖〉》《湘西一种凄馨意》《牙签与暮齿》《汗漫游》《版本的选择》等,均是这样值得"回环咀嚼"的篇章。在文章《湘西一种凄馨意》中,谷林特别对照了《湘行散记》和《湘行集》两个不同版本中的内容,发现沈从文晚年对他的这些早年的文字,曾做过大量"极为细微"的改动,"但也因之益见出作者的用心致密,着意推敲",而这种"暮年经营",在谷林看来,乃是"他始终没有忘情文学工作"。至于沈从文改行从事文物研究,谷林在文章篇末亦有简短论述,"原也是寻常行径,然而由于外力的压迫,实逼处此,自不能不令人思之于邑。"文章《版本的选择》,对比两本不同版本的梁实秋散文集,其中均收录一篇《谈闻一多》,但其中一个版本在闻一多的出生日期上,直接采用了公元纪年,但生辰却没有换成阳历,故而闹出了笑话。

以上略举数例,不难看出谷林的书话文章,乃是"拿一本书来做引子,这是借他人酒杯,触发自己的郁结"。《一个长期的旅程》和《谔谔一士》两篇文章,均是令人刮目的短章。前者谈冯友兰的《三松堂自序》,后者谈梁漱溟的《忆往谈旧录》,谷林均拈出两位读书人在政治年代的一段特殊遭遇,细究其间的微妙心思,其中颇有些动人心弦之处,这或许正是触发了他这样一个亦曾遭遇政治坎坷的小人物"郁结"之处。可贵的地方还在于,谷林能够在作文时做到"浓浓的感情皆淡淡着墨",可谓"发潜德之幽光"矣。与此相类的,还有谷林在 2002 年 8 月致小友沈胜衣的一封书信中,写他在《读书》杂志上读到《江河万里》一文,由此想起与此文所谈的著名水利学家黄万里交往的一点逸事。1995 年,谷林因胃癌在北京医院住院,邻床的病友枕侧放了一册《宋词三百首笺释》,而他也恰恰带了此书。结识后,他才得知此人正系黄炎培的公子黄万里。他继而写道,黄因反对三峡工程,"被戴上反苏反社受苦二十年之帽","一意孤军作战如马寅老"。

还有两篇文章,亦是令人会心的。《共命与长生》一文,乃是从六个读书人关于书的故事,来写他对于书的态度,

"'诚知此恨人人有',把深爱的分散给也能爱的人们,使所爱的及时得所,岂非便是长生?"谷林生性淡泊,藏书不多,但颇有些令人爱慕的旧物,这些他多在生前分散给他欣赏的后辈,使他的爱物终得以"长生"。另外一篇,则是《煮豆撒微盐》,谈及他极为喜爱的周作人文章《结缘豆》。周氏论及京师僧人在佛诞之日,"煮豆微撒以盐","邀人于路请食之以为结缘",并说他不必去"念佛拈豆","姑且以小文章代之耳"。谷林在文章中还引用周氏:"煮豆微撒以盐而给人吃之,岂必要索厚偿,来生以百豆报我,但只愿有此微末情分,相见时好生看待,不至怅怅来去耳。古人往矣,身后名亦复何足道,唯留存二三佳作,使今人读之欣然有同感,斯已足矣,今人之所以赠后人者亦止此,此均是豆也。"这又何尝不应是所有做文章者的夫子自道。谷林于此处感慨:"宿业前缘,真令人无可排解。"

2020 年 3 月 20 日

"春初新韭,秋末晚菘"

汪曾祺将近七十岁,才出版了第一册散文集《蒲桥集》。在这册文集的封面上,汪曾祺应出版社的要求,写过一段介绍语,极为精彩:"齐白石自称诗第一,字第二,画第三。有人说汪曾祺的散文比小说好。虽非定论,却有道理。此集诸篇,记人事、写风景、谈文化、述掌故,兼及草木虫鱼、瓜果食物,皆有情致。间作小考证,亦可喜。娓娓而谈,态度亲切,不矜持作态。文求雅洁,少雕饰,如行云流水。春初新韭,秋末晚菘,滋味近似。"尽管后来汪曾祺对于这段评价有过自谦,但我们不能不说这段话显示出写作者极高的文学修养,用来概括其后来的散文写作,也是很恰切的。这册出版于1989年的《蒲桥集》,不仅所收文章在汪曾祺散文集中堪称上乘,且装帧版式的小巧、文雅和质朴,也是颇可称道的。汪曾祺生前出版的诸多散文集,此一册从各方面来看,都是值得赞赏的。今人若有重印旧书者,汪曾祺1989年的这册《蒲桥集》，便是值得复刻的。

《蒲桥集》之后的七八年间，汪曾祺陆续出版散文集，可谓频频，诸如《旅食集》(1992)、《汪曾祺小品》(1992)、《老学闲抄》(1993)、《塔上随笔》(1993)、《草花集》(1993)、《榆树村杂记》(1993)、《汪曾祺散文随笔选集》(1993)、《独坐小品》(1996)、《逝水》(1996)等十余种。仅1993年，汪曾祺就出版散文集五种。但实际上，除去最初1988年出版的文论集《晚翠文谈》与散文集《蒲桥集》之外，其他文集基本上都系新旧文章杂编，不少文章在多个文集中也是重复出现的。而这些初版的文集中，今天看来，令人称赏者，或许只有《晚翠文谈》《旅食集》《老学闲抄》三种。《独坐小品》编选尚有特色，封面设计实在是俗不可耐；《草花集》则更是令人为出版的草率感到可惜。《汪曾祺散文随笔选》在编选和印制上算是用心的，也是可以作为后来者重印重读的一个不错版本。由此亦可见，汪曾祺在散文集的出版经营上，是比较随意的。

在《蒲桥集》的《自序》中，汪曾祺也曾这样写道："我写散文，是搂草打兔子，捎带脚。"又说："我写散文，是捎带脚，写的时候，没有想到要出一个集子，发表之后，剪存了一些，但是随手乱塞，散佚了不少。"汪曾祺以小说名世，而他也是用心经营小说的，对于散文的写作，则多是乘兴而作的。在其生前,他的散文《老舍先生》《人间草木》《故乡的食物》《泰山片石》《钓鱼台》等,曾被一些选刊或散文年选收录,引起一些关注;《沈从文和他的〈边城〉》《老舍先生》《故乡的野草》《天山行色》《多年父子成兄弟》等散文则获得过所刊发刊物的优秀作品奖。另外,汪曾祺还在几家报纸副刊刊发过诸如"桥边杂记""蒲草集""四时佳兴"这样的专栏。相比他的小说的影响力,他的散文影响,在其生前是大为逊色的。但这并不意味着,汪曾祺的散文不值得我们重视,反而他的一部分散文,是可以和他的一些小说名篇并列的。

汪曾祺的散文佳作,可列第一的,应为《昆明的雨》。这篇散文写得行云流水,很像一首极美的抒情诗。汪曾祺写早年在昆明读书时的印象,但只取"雨"这个独特的意象,而他写雨,又特别写昆明雨季的仙人掌、菌子、杨梅、缅桂花,以及他在昆明读书时的联大同窗,其中饱含着一种特富暖意的深情。汪曾祺对这篇《昆明的雨》也是很满意的。在他后来所写的散文《泰山片石》中,就有所流露。在这篇散文中,汪曾祺写他在泰山参加一个"散文笔会"时,住在山上的一个宾馆,其中便发生了这样一个小插曲,"一个叫米峰的姑娘戴一副眼镜,我戏称她为学者型的服务员。她拿了一本《蒲桥集》来让我签名,说是今年一月在泰安买的,说她最喜欢《昆明的雨》那几篇,说没有想到我会来,看到了我,真高兴。我在扉页上签了名,并写了几句话。"在一个陌生的地方,偶遇一位知音,这对于作家来说,无论如何,都是欣喜的事情。

在《蒲桥集》中,与《昆明的雨》列为一个小辑的,尚有《翠湖心影》《跑警报》《泡茶馆》《昆明的果品》《云南茶花》等篇,这些文章也是汪曾祺在云南的《滇池》杂志所开设的一个名为"昆明忆旧"的系列专栏。1939年起,汪曾祺在西南联大中文系读书,在昆明有过近七年的时光。这对汪曾祺的写作是很有影响的一段岁月,故而汪曾祺谈论昆明的文章,不少也都是与西南联大的记忆有关。后来,他还写过《西南联大中文系》《晚翠园曲会》《七载烟云》《觅我游踪五十年》等文章。其中,《跑警报》《泡茶馆》等已经成为名篇,这里的一个"跑"字和一个"泡"字,写活了当时西南联大师生的另一种生活,可谓毕肖毕现,也成为后来研究西南联大的重要史料。与此同时,汪曾祺在晚年还写过一个系列关于联大教授的文章,也都是佳作,诸如《金岳霖先生》《吴雨僧先生二三事》《唐立厂先生》《闻一多先生上课》等。

可列为汪曾祺散文第二的,应是他纪念老师沈从文的文章《星斗其文,赤子其人》。这是沈从文去世后,汪曾祺所写的一篇悼文,并不见悲情,而是全文充满暖意,这是一种对于沈从文的特别敬意。汪曾祺在文章中写了沈从文的一系列小事,"娓娓道来,态度亲切,不矜持作态",将一个"心地明净无渣滓的人",写得分外动人,这是他对于沈从文先生的一个特别的总结,也是高度凝练的概括。汪曾祺写沈从文对于家乡的爱,对于学生的关心,对于稿费的处理,对于写作的"耐烦",以及生活的简朴、性格的坚韧、待人的阔达,等等,都是一些琐碎的小事,却令人印象极深刻。这种以小见大的写作,更显出写作者的敏感和深入。汪曾祺的这篇散文,是可以和萧红的《回忆鲁迅先生》、张爱玲的《忆胡适之》这样的名篇相提并论的。回忆沈从文先生的文章,汪曾祺还写过《沈从文先生在西南联大》《我的老师沈从文》等,也都是很好的。

汪曾祺还有两篇谈论沈从文文学作品的文章,亦是甚好。其一是《沈从文和他的〈边城〉》,另一则是《沈从文的寂寞》,前者谈论沈从文的小说,后者则谈论沈从文的散文。这两篇文章,显示出汪曾祺在艺术鉴赏方面的极高修养,他对于沈从文先生文学作品的分析,可谓深入而细腻。对于小说语言的分析,乃是追溯源头,细加论述。而他谈论小说结构,又有这样的妙论:"有人说《边城》像一个长卷。其实像一套二十一开的册页,每一节都自成首尾,而又一气贯注。——更像长卷的是《长河》。"这则论述,不但体现了其对于小说叙事结构的深入研究,而且还体现了在艺术各个方面能够融会贯通的修养。《沈从文的寂寞》则代入了论者汪曾祺的生命体验,故而颇为深情。他总结沈从文的人与文都有一种"抒情气质",这种气质是"从不大计较个人得失荣辱","能经受了各种打击磨难,依旧还好好地活了下来"。他甚至把沈从文晚年的文物工作,形容为"抒情考古学"。

《一个暑假》在汪曾祺的散文中很少被关注,却是可以列为前三名的。这篇文章记在他小学毕业的暑假,曾给他短暂教育的乡村文人韦鹤勤。文章虽然很短,但信息量是极大的,其中写到了弃教从商的革新派人物三姑夫,也写了韦先生给他讲古文、教习字的往事。这其中人物的一新一旧,似乎形成了鲜明的对比,但最后汪曾祺点到了韦先生在抗战中的作为,又终于殊途同归,亦传达出他早年接受教育的特殊根基和背景。此文中还有汪曾祺的一首短诗和一小篇为此诗所作的注解,都是很文雅亦很特别的,令人想起周作人在《玄同纪念》一文中的同样做法。汪曾祺曾写过数篇关于当代文人的纪念文章,诸如《老舍先生》《才子赵树理》等名篇,都能特别传神地写出人物的性格特点,但这篇《一个暑假》却是更为特别的,记其早年在一个很短时间接触的一个旧文人。在无话可说的情况下,汪曾祺写出了一种风云气象。

《一辈古人》也是记人之作,亦可列汪曾祺散文前茅,格调不输前面三篇。此文分三个篇章,分别为《靳德斋》《张仲陶》《薛大娘》。三篇文章,三个故乡人物,靳德斋习武,张仲陶学文,而薛大娘不过一个乡下妇人罢了。汪曾祺写三个普普通通的乡下人物,质朴而无铅华,尤其是这个薛大娘,在传统观念中简直有些伤风败俗了,但在汪曾祺的笔下,却是自自然然,天性烂漫,也敢做敢当,他甚至还用了"一股英气"这样的特别评价,人读后竟然有了一种清新脱俗的感受。这篇《薛大娘》,真可以和汪曾祺的小说名篇《受戒》和《大淖记事》相提并论,虽然这不过只是一篇很短的散文。汪曾祺在文章中说他写小说《岁寒三友》,其中的一个人物命运,与他对于张仲陶的评价是一致的。汪曾祺小说中的人物,不少都是有原型的,有的人物,汪曾祺写了小说,后来又写了散文,如果能够细细对比,一定是很有意思的事情。

《故乡的野菜》是汪曾祺的一篇谈吃代表作,可拔得此类散文的头筹。汪曾祺是一个乐天的生活家,他对于戏曲、美食、旅行、字画都有着特别的爱好,并写过不少的好文章。尤以谈吃文章,别有韵味。汪曾祺不但喜好烹饪,而且乐于钻研,甚至还曾起念编写一册《中国烹饪史》,但终未果。之所以将这篇《故乡的野菜》作为其谈吃美文的代表之作,乃因此文最初是参与江苏《钟山》杂志的一个同题文学写作项目,与汪曾祺这篇文章同题的作者,则是现代散文可推首席的周作人。但汪曾祺胆量并不小,不但写出来了,而且还有一点欲与比高低的决心。这样的事情并非特例。他曾写过一篇《湘行二记》,其中两篇小文章,竟分别以古文名篇《桃花源记》与《岳阳楼记》名之。评论家李陀读了,认为汪曾祺"骨子里又好胜又好奇",且他读后的感受,"竟高兴得近乎手舞足蹈,那心境如一个游人无意间步入灵山,突然之间,眼前杂花生树,春水怒生。"

如果说《故乡的野菜》是对周作人同题文章的仿写,晚年汪曾祺所写的"老学闲抄"系列,似可看作对"夜读抄"笔记文体的一种延续。《贾似道之死》是"老学闲抄"系列中的一篇,亦可列为汪曾祺散文的代表之作。《贾似道之死》以游漳州起笔,写他访木棉庵,见"郑虎臣诛贾似道于此"石碑,由此谈"误国奸相"贾似道,并引出元人《山房笔记》和《古今小说》里的《木棉庵郑虎臣报冤》来进行对照,将贾似道之死的细节,抄录一些不同之处来进行对比和分析。汪曾祺由此指出,元人笔记叙述简洁也符合实际,而小说则不免有想象和发挥。文章最后,他笔锋一转,进而写道:"是小说,当然会有些虚构,有些想象之词,但捡对《山房随笔》,觉得其主要情节都是有根据的。其立意也是严肃的:以垂炯戒。""我觉得《木棉庵郑虎臣报冤》是历史小说的一个典范:材料力求有据,写得也并非不生动。今天写历史题材的作品仍可取法。"

以上择取六篇汪曾祺的散文佳作,但并非以为只读这寥寥数篇文章,便可以窥得汪夫子文章之貌。汪曾祺晚年散文多是信笔而作,才情展露,但亦有遗憾之处,便是不少篇什尚不够深入,乃是逸笔草草,浅尝辄止。读汪曾祺的散文,更多是读其文人兴味,欣赏其文章妙趣,更欣赏其文集之中的参差之美。读汪曾祺文章,首推其自编文集,读者也自能够体会写作者编写的心意和趣味。故而,应该在此强调这六篇文章的出处,《昆明的雨》见于《蒲桥集》《老学闲抄》和《旅食集》;《星斗其文,赤子其人》见于《蒲桥集》《独坐小品》《草花集》;《故乡的野菜》见于《独坐小品》《老学闲抄》《草花集》《榆树村杂记》;《一辈古人》见于《塔上随笔》;《贾似道之死》见于《塔上随笔》。《一个暑假》则未收入其生前文集。《昆明的雨》还收录于《汪曾祺自选集》之中,《自选集》中亦收录诗歌和小说。由这些,也是略可窥得汪曾祺的一些偏好的。

2020 年 4 月 26 日

念楼文集品藻

　　钟叔河在2017年致江苏凤凰文艺出版社总编辑汪修荣的信中,写道:"我的著述二十八种(要目附呈)中,史学占了六种,序跋占了四种。可算作散文的十八种中,选本又占了四种(要目中的九、二十一、二十四、二十八)。因为自己写得少,单行本收文即不免重复(完全重复的倒不多,大半是经过修改,换了标题);至于选本,本来就炒现饭,当然全是旧文,亦即是重复的了。"因为江苏凤凰文艺出版社拟为钟叔河出版一册随笔选集,故而有了这样一番对于个人著述的总结。只是非常可惜的是,收录这封书信的《钟叔河书信初集》,并未收录钟叔河自编的这份"要目",这是一份非常有价值的出版史料,也是这封书信不可分割的一部分。拣出钟叔河历年出版文集,也只能大体列出上述著述的"要目"分类,如序跋四种,便有《书前书后》《钟叔河序跋》《念楼序跋》和《人之患》;散文十八种,其中的四种选本,应为《钟叔河散文》《一片二片三四片》《大托铺的笑话》和《记得青山那一边》，另外十四种，也应系下：《念楼集》《偶然集》《天窗》《青灯集》《笼中鸟集》《小西门集》《与之言集》《念楼小抄》《左右左》《念楼学短》《题锺题》（合作）、《蛛窗述闻》《钟叔河卷》《儿童杂事诗笺释》。

因为无法看到钟叔河所写的那篇"要目"，散文十八种便无法得到直接确认，而"史学六种"，也只能大体判断为如下选目：《走向世界》《千秋鉴借吾妻镜》《黄遵宪日本杂事诗广注》《中国本身有力量》《从东方到西方》《钟叔河评点曾国藩家书》。对于江苏凤凰文艺出版社策划的选集，钟叔河表示"是感激的，也愿意交卷"，但对于出版这本选集，他有自己的考虑："我不想再出一本《一片二片三四片》和《钟叔河散文》那样的选本，为了减少重复，将不属于散文的史学文字也收进来；而是想认真地将自己比较满意的散文随笔作品选出来，出一本自选随笔集，而且尽可能把它印得好一点，作为在全集之外的晚年送给友人的纪念。"也正因此，他未采用出版社拟定的选目，而是决定"自己来选"。在另一封给汪修荣的信中，钟叔河又谢绝了出版社为此随笔选集所拟的书名，而是建议将自拟的《念楼随笔百篇》作为书名。这本选集最终出版，基本遵循了钟叔河的意见，以《念楼随笔》这样的名目面世，最初提供给出版社的一百三十五篇文章选目,也定为一百零二篇。非常可惜的是,钟叔河选定的这个"选目",这本《钟叔河书信初集》也未收录。不过,由此还是可见钟叔河文集出版的幕后情况,认识其著述的编选考虑。

《钟叔河书信初集》尚有致北京朝阳区文化馆谭宗远的数封书信,谈及编选选集事宜。在 2004 年 5 月 24 日的信中,谈及同意由谭来编选一册"书话"选集,并有如下意见:"《念楼学短》中也有可以选的,如:P254—255 的《读陶诗》、P310—311 的《无聊才作诗》等等。选时当然要附苏轼、陆游的原文。""P178—179 的《怨年华》一篇,未必够'书话'的格,但你也可以看看。还有 P4—5 的《逝者如斯夫》和 P50—51 的《没有对手的悲哀》,这些其实都是我借古人文章作由头而写的我自己的散文。""其余几本都有书评、书话、序跋,看题目便可知道,就随你去选了。""《念楼集》和《偶然集》(上次寄给你的那本)并无一篇相同,以后我出散文集,仍将遵循这一原则,但《钟叔河散文》《钟叔河序跋》等选本,则多有重复。《散文》是浙江文艺出版社选的,把《儿童杂事诗笺释》和《唐代诗人小记》都全文收入了,他们着眼点是有人爱读。但这本书印得还是比较精致的,错字也少。"此年 7 月 3 日致谭的信中,对谭初步编订的选目提出意见,拟定此选集为四个部分,一为"书话",二为"走向世界以后",三为"读书小抄——念楼学短选",四为"序记"。可惜此书终未出版,由2018年的一封信中,也得知此书拟名为《念楼话书》。

由上述关于编选散文随笔选集事宜,可以了解钟叔河对于编选文集的一些态度。诸如对于重复多次和了无新意的编选,他已没有太大的兴趣,而他强调的不再重复编选的"原则",似也很难实现。在钟叔河出版的十八种散文集子中,可以特别关注以下几种:《念楼集》《青灯集》《天窗》《笼中鸟集》《小西门集》《左右左》和《念楼序跋》。其中《笼中鸟集》《小西门集》和《念楼序跋》其实也是一种特别的选集,是以文章类编的形式为自己的文章进行的一种回顾和总结。《小西门集》记人,《笼中鸟集》谈事,《念楼序跋》则收录序跋和读书品评文章。随后出版的选集《记得青山那一边》,可以看作《小西门集》的精选版,而《大托铺的笑话》,则似也可看作《笼中鸟集》的精选版。由此可看出,钟叔河的散文随笔,在出版社已经以多种形式和面目呈现出来,亦可看出读者和出版方的热情所系。在钟叔河的选集中,《钟叔河散文》和《念楼随笔》两种,属于选目特别,亦制作精致的,前者在于收录范围较广,将钟叔河不认为是常规散文的一些饶有兴味的文章也收录其中,后者则在于具有纪念的意味,可谓篇篇精彩。而以赏心悦目来看,《念楼集》《偶然集》和《小西门集》三种,则堪为佳构。

《念楼集》的封面设计和版式俱佳,封面书名集自知堂手迹,并在右上方画一丛绿竹,显得分外清雅。钟叔河好竹,在此书的首篇文章《念楼的竹额》里,开篇写他委托桐乡刻竹名家叶瑜荪刻竹,并集知堂手迹中的"念楼"二字。这是钟叔河的一篇美文,写得抒情而从容,如写他对于竹子的喜爱,乃是款款有情的:"植物中我最喜欢的是竹子。少时寄居山村,住北屋中,丈外便是后山的竹林。从窗户中望去,虽不见全景,但几枝数竿,无论在什么光线下,都要比画图中的好看得多。湘北冬季严寒,'雪落竹子驼',枝梢上的冰凌迸落有声,对于独坐中的我,往往是一种难得的惊喜。夏天风雨时行,这时竹林会奏鸣出丰富的和声,且多变化。让这种天籁伴随着入梦,回忆起来,更加觉得愉快。"在《钟叔河书信初集》中,有钟叔河寄竹刻名家叶瑜荪的数封书信,可知此文也是答谢后者为其刻"念楼"竹额,其中交流探讨的经过,记述颇为详细,亦可看作一则文艺佳话。而钟叔河对这篇小文章也是较为满意的,《念楼集》将其置于篇首,且在给叶瑜荪的信中,谈及此文先后在《开卷》《寻根》和《文汇报》刊出,并在 2009 年 7 月的一封信中,谈及叶若印友朋评论集,不必收录其手迹,而是建议"将《念楼的竹额》收入"。

《念楼集》中的《柏林寺访书》一篇,亦是一篇佳作。此文作于 1982 年 3 月 17 日,写他 1979 年底为出版"走向世界丛书",特到北京访书的经历。此时的钟叔河,刚刚获得政治上的平反,便立即投身到了出版事业之中,难得文章无幽怨之气,而是有着一种扑面的古意。文章开篇这样写道:"为了搜集清人出国载记,我们四出访书,于一九七九年底到了北京。正是岁暮天寒的时候,又下了大雪,东单和王府井一带虽然仍旧熙熙攘攘,到雍和宫大街就行人冷落了。拐进戏楼胡同,这条还没有经过大手术改造的小胡同里,几乎空无一人,在雪中显出一种寂静之美。"再写他寻访"三述奇"的作者张德彝的稿本,受到其后人的热忱帮助,得知了藏稿的下落。随后又写柏林寺,"地处北京内城东北角,是一座以藏经著名的古刹。建筑也和人一样,它的时运并不因肚里装的书本多少而转移。很久以来,这里的香火就衰落了,远不如临近的雍和宫。"从天气、时节,再写访书的地点,无不透漏出访书的寂寞和冷清。但这背后,又是访书时的急切和诚意,如写北京图书馆的数位馆员的热情接待,特别是得到毕业于西南联大的张玄浩先生帮助,终可如愿,颇有暖意。篇尾又写柏林寺一位六十多岁老服务员的"彬彬有礼",乃是"古道犹存"矣。

《念楼随笔》虽系钟叔河具有回顾和总结意味的选集,

但未能收录《柏林寺访书》,实属遗憾。钟叔河的《偶然集》中,亦有数篇与《柏林寺访书》一样"文情俱胜"的忆旧佳构。《偶然集》收录在凤凰出版社出版的"开卷文丛"第一辑之中,虽是收录于丛书,但盈盈小册,触手可温,漫卷书香,分外清雅。钟叔河的文集多取文章篇目来命名,《偶然集》则取自文章《偶然》,这些文章也多是作者所青睐的,诸如《小西门》《记得青山那一边》《一片二片三四片》《左右左》《天窗》《依然有味是青灯》《大托铺的笑话》等,皆值得留意。《偶然》是一篇过目难忘的佳作,其文自述早年因喜欢看课外书,而意外交友,又意外刊发文章,甚至因写信交友而产生了朦胧的感情,并相约报考新华社训练班,人生的路竟也由此而定了下来。而一起参加考试的三位少年时代的好友,一位未获得家人同意,一位榜上无名,他们都没有去。钟叔河写道:"少年时代的好友,就此分散了。""偶然的遇合,就这样决定了人的一生。五十年前的往事,回想起来,真如一梦。"此文提及的少年时代好友尚久骖,钟叔河晚年有作《作挽联》一文,可参照对读。另有文章《记得青山那一边》,写巴金翻译德国作家斯托姆《蜂湖》,其中有这样一句颇可寻味的话,"我们的青春就留在青山的那一边,可现在它到哪儿去了呢?"

收录于《偶然集》中的《三十多年前的一封信》,亦是值得一读的。此文并不复杂,主要是1963年写给周作人的一封书信的全文,并进行了简要注解。钟叔河是在1949年后第一个系统编选周作人文集的出版者,且成就可观。这一缘起,与其对周氏文章的偏爱有关,也是他当年虽身在丛棘,但亦得到回馈。1963年,钟叔河给周作人写信时,刚过30岁,但思想、眼光和见识却异于常人。能在如此特殊年代,敢于写信给具有争议的老作家,钟叔河的个性,可见一斑。而他在信中娓娓道来对于周作人文章的理解,至今看来,亦有可观之处,也可见钟氏品味之不俗。他在信中写道:"我一直以为,先生的文章的真价值,首先在于它们所反映出来的一种态度,乃是上下数千年中国读书人最难得的态度,那就是诚实的态度——对自己,对别人,对艺术,对人生,对自己和别人的国家,对人类的今天和未来,都能够诚实地,冷静地,然而又是积极地去看,去讲,去想,去写。""先生对于我们这五千年古国,几十兆人民,芸芸众生,妇人小子,眷念是深沉的,忧愤是强烈的,病根是看得清的,药方是开得对的。""二十余年中,中国发生了各种事变,先生的经历自身坎坷,然即使不读乙酉诸文,我也从来不愿对先生过于苛责。"

钟叔河写给周作人的书信中,提到一个人,为"张志浩君"。这位"张君"显然也喜欢周作人,因钟叔河是在此君处

"拜读先生手书及大著两种"。此文末尾,又写道:"张志浩君年长我八岁,我们同在《湖南日报》社当过肃反对象和右派,《卅五年前两首诗》文中的张公就是他。"《偶然集》中亦收录这篇《卅五年前两首诗》,记这位志趣相投的好友,并写下1961年中秋夜的一件小事。那时两人都"刚摘掉右派帽子",而中秋那晚,张君送来了一斤月饼,并在返回的路上吟了两首诗,其中一首为:"今夜谁家月最明,城南城北满秋声。长街灯尽归何处,萧瑟人间两步兵。"另一首为:"艰难生计费营谋,日刻金刚懒计酬。未必此生长碌碌,作诗相慰解君愁。"钟叔河随后写及那夜的情形:"我一人踏着月色归家。夜深了,更冷清,可是我的心里却泛起了一股温暖。"这位张志浩君,对于钟叔河来说,既是天涯同命相连人,也可看作人生路上的一位精神同伴,他们曾在严寒中相互慰藉。正如他给周作人的信中,特意提及蔼理斯的那段话:"在一个短时间内,如我们愿意,我们可以用了光明去照我们路程周围的黑暗。正如在古代火炬竞走——这在路克勒丢思(Lucretius)看来,似是一切生活的象征——里一样,我们手里持炬,沿着道路奔向前去。"

钟叔河记人怀旧之作,动人之篇最多。《小西门集》是钟叔河文集中整体质量最佳、编排亦最好的集子,称之为"念楼美文集",亦不为过。书中《润泉纪念》和《悼亡妻》两篇,堪称其中的代表作。《润泉纪念》抄录好友俞润泉的书信十二通,其中有友人谈乔迁新居,谈春笋,谈旧诗,谈文章,谈美食,谈身后事,娓娓道来,如老友面谈,雪夜围炉,令人神往。钟叔河通过摘记友人书信,将一位极有才情的好友的性情写出,全不见其一生坎坷,文章于散淡中见沉郁,至文末才最见出写作者的黯然与孤独:"我摘抄了这十一封信,以为润泉的纪念,一面摘抄,一面忍不住心中难过。但抄到末了,又忽然觉得,先死者也许还是幸运的,因为还有后死者在纪念他。如果死在最后,曾经祸福相依又可与谈文论艺的老朋友都先走了,又还有谁来捡点旧信遗诗,来追忆昔时的人物、昔时的诗酒和昔时的风流呢?"《悼亡妻》乃是写妻子朱纯的一篇悼念文章,其中收录了亡者的讣告,千余字的内容,有病故的消息,有人物的评价,有人生的简介,有性格的描述,有爱好的叙述,也有后事的处理,极简洁,亦极沉郁。又写《青灯集》出版一事,乃是亡妻生前协助完成,死后方才印成,终成一种别样的纪念。

《小西门集》中还有数篇谈吃的文章,《黄鸭叫》《吃笋》《蓑衣饼》《长沙的春卷》几篇,乃是很有些不输知堂美文的感觉。《列那狐》《买旧书》《难忘结缘豆》《送别张中行先生》《记钱先生作序事》《学〈诗〉的经过》《潘汉年在洣江》等,均是情义俱佳的篇章。《笼中鸟集》所收多为杂文,《不亦快哉》《洗马》《大托铺的笑话》《太行山的故事》等,乃是尖锐的讽刺文章。另有《古人的短信》《古人的短文》两篇,系节选《学其短》中的文字,采辑古人短章,漫谈体会随感,多是别有寄托的论述。尽管钟叔河不将《千秋鉴借吾妻镜》列为散文随笔著作,而是作为学术论著来看待,但其实这些文章也都是以随笔的形式写来的,虽然已有近四十年的时光,今日读来,仍可感到其文章自身的特别价值。《千秋鉴借吾妻镜》收录钟叔河为"走向世界丛书"所写序言,这些文章有材料,有见识,有文采,特别是论者寄寓其中的关怀,时时闪烁其间。介绍容闳的《西学东渐记》所作序言《为西学东渐而奋斗的一生》,是全书最为精彩的代表篇章。介绍张德彝《随使法国记》和《欧美环游记》的序言《巴黎公社的目击者》《一个同文馆学生的观察》,正是钟叔河在那篇《柏林寺访书记》中所写访书的又一副产品。

2020 年 5 月 4 日

"古拙而有风致"

赵园在文章《我读傅山》中,论及傅山文字:"'拙'而富有谐趣。'拙'正属他所好。但拙非即枯淡;傅山所好的,是古拙而有风致(亦即'韵')的一类。他本人的文字就一派朴茂,因古拙以至生涩示人以'人性力度',那'拙'于此是文境又是人性境界。其朴其拙,都经了打磨烧炼,类木石之精,精气内蕴,只待由文字间稍泄而已。"赵园对于明清之际的傅山多有偏爱,所作的《我读傅山》,附于她的学术专著《明清之际士大夫研究》,且可以作为她的"遗民研究"的典型个案。而她对于傅山文章的评价,用来形容她的文章追求,也是恰当的。在她的治学杂谈《思想·材料·文体》中,亦曾论及傅山:"某些题目写作的缘起,就因了被文字所吸引。写傅山,就出于对傅氏那种特别的文字组织的兴趣。"与她在《我读傅山》一文中论述相呼应的,在这篇治学杂谈中,有一段很相似的论述:"中国古代文论、画论每每说到避熟、滑,其中有得之于经验的智慧。为文亦然,治学也一样,写得太熟,太无阻力,太易见好,就需要警戒。"

赵园的学术论著或文章,正如她前面所述,似乎初读并不易见才华,但愈是深入阅读,愈是感到一种"朴茂"之气。显然,她是在有意追求一种特殊的写作风格,乃是慎用"才华",避免"横溢"。而这种好处,初读者是难以领会的。赵园举例说,陈老莲再三临摹周昉的画,别人说陈所临摹的画,已经超过了周昉,但陈却坦言这正是自己不及周之处。为此,她继而论述道:"自己的画易见好,因此'能事未尽';周则本至能而若无能,也就难能。"赵园的代表作《明清之际士大夫研究》,是其从现代文学研究转入明清思想文化研究的学术专著,也是其最负盛名的作品,而她极力追求的文风,即"古拙以至生涩"。此书中,除了附录的《我读傅山》一文外,全书的第一小节《说"戾气"》,颇具提纲挈领意味,也是可以独立于全书的精彩篇章。这篇论述,择"戾气"二字,很好地概括了明清之际士人的生存状态,并给予了全面解读。文章写得惊心动魄,但也极力克制,不渲染铺陈,不作情感代入,而是以冷静的态度进行反思和审视,可谓难得。

与《说"戾气"》有着相似阅读感受的,则是学术论著《想象与叙述》的开篇《那一个历史瞬间》。这两部学术著作的两个章节,都有着区别全书的文体感受,可谓巧运匠心,亦均可作独立的文章来看。《那一个历史瞬间》,以甲申三月十九日明朝京城陷落这一历史瞬间为切口,通过时间、空间、社会、家庭、家族等诸多方面来进行讨论,细腻而深入地还原当时情景下的士大夫的内心世界,由此写出了这个特殊"历史瞬间"中的激烈反应。就赵园此文的写作方式来说,乃是择其一点来进行微观解剖,从而深入历史的肌理之中。读此文,不难想到陈平原的文章《五月四日那一天》,也是同样就一个特殊时间点来进行细致入微的研究。作为同门的钱理群,写过一册著作《1948:天地玄黄》,将研究焦点放在革故鼎新的前夕,也是此类著述的一个典范。从明清之际士大夫"刻骨铭心"的灾难性的记忆,到"五四"所带来的思想变革和启蒙,再到1948年旧文人的"天地玄黄",很难说这是作为同门之间的学术影响,但其人互相之间启发和砥砺,应是难免的。

值得关注的是,赵园的《那一个历史瞬间》中的部分章节,诸如《南—北》《山,湖,与海》《兵、贼、盗、虏、义军》等部分,在论述上似乎又与她的导师王瑶的《中古文学史论集》中部分篇章的研究范式有异曲同工之处,或者再往上追溯,乃是鲁迅关于魏晋的名文《魏晋风度及文章与药及酒之关系》。这种找出一个特殊的时间切入点,又在这个时间点上寻找出具有高度概括性的事物来研究,从而能够抵达少有关注的幽微之处,才可展示出历史本身的复杂和斑斓。这种研究方式,既显示了论者极强的写作能力,又展示了对于研究内容的深入把握,从完成度来说,均可以看作一篇极精彩的文章。赵园此书之后的论著,不能不说精彩,但比起此篇,气息和匠心则都显得逊色很多。《想象与叙述》一书出版后被授以鲁迅文学奖理论批评奖,但此书实际上是一册关于明清之际的思想文化论著,归于文学研究的范畴,多少显得牵强。反倒是此书中的这篇《那一个历史瞬间》,如若授予其该奖项的散文随笔奖,则更可展示散文题材的丰富与厚重。

当然,赵园的诸多学术著作,虽然有着特别的文体追求,却是无意归于文苑之列的。她的早期著作《论小说十家》《艰难的选择》《北京:城与人》等,作为文学论著,可以窥见写作者的激情与才华,其论述的耐心和品鉴的敏感,都是令人称许的。但整体读来,似乎多少有些不够克制的"横溢",反而不如后来研究明清之际文人的那种特别的"隔",值得反复品味。此中,值得特别关注的,还有一册专著《易堂寻踪》,这是一册关于明清之际遗民群落研究的著作,是以实地寻访和史料钩沉、品读来展开的。相比之前的《明清之际士大夫研究》和《想象与叙述》等专著,此书在整体上来说,颇有一气呵成的精致与从容。对此,赵园也是甚感满意的,故而可以作为一部特别的文学作品来看待,她也曾这样写道:"用散文的方式组织学术,也让我更有可能体验写作中的快感。那本书所写的一组人物,在他们的时代并非都声名显赫,却多少令人想到了鲁迅的论刘半农,清浅得可喜。这本小书的写作中,时有感动,有沉醉。那在我是一段美好的写作经历。"

学术著作之外,赵园亦有数册随笔著作,诸如《独语》《红之羽》《窗下》《世事苍茫》等。相比于她的学术著作,这些随笔文章是研究之余的小憩,但在赵园的笔下,亦是呈现出一种的特别的"古拙"。这种"古拙"的追求,正如她所论述的,"是文境又是人性境界","都经了打磨烧炼,类木石之精,精气内蕴"。《王瑶先生杂忆》一篇,便是颇可代表的。此篇文章处处与读者的期待和想象作对,开篇写她随师母护送王瑶先生的骨灰回京,是极具萧瑟之气的。接着劈头写道:"先生于我,并非始终慈蔼。"乃是展示自己与导师之间的"不快",这些完全区别于诸多同窗对于导师的温情追忆。再接下来,她更是写及自己"对于先生的冒犯",以及她对"文革"中王瑶极狼狈生存境遇的片段记忆,这些都是很多弟子在追忆中极力回避的。文中一个特别的记述,乃是对于北大1988年校庆的追记,其中写及校庆那一夜"最兴致勃勃"的王瑶。当王瑶与弟子们在未名湖走了数圈后,仍是"意犹未尽",提议去办公楼看录像,但到了那里,放映却已结束,"楼窗黑洞洞的。"她至此议论道:"像是藏有极尽繁华后的荒凉似的。"

赵园的这篇悼念恩师的文字,乃是将王瑶放置于特殊历史背景下来审视的。她已完全超越了对于师辈的寻常记述,而是将其作为经历过诸多磨难的知识分子个案解读的,故而她也是在躲避一种"熟"与"滑"的纪念模式。由此,她笔下的文字,会令初读者感到一些冷酷,甚至是不解人情。如果这样理解,则是完全误解了赵园。显然,这是一种"古拙"的写作追求,是建立在对于人生的"打磨烧炼"之后的深切感悟。经过长达数十年政治运动消耗的王瑶,对于所带学生,寄寓厚望,苛求也自然难免,这样就能理解王瑶的那种"并非慈蔼"的原因了。而王瑶在"文革"中的狼狈境遇,特别是校庆之日遭遇的那种"荒凉",似乎也在暗示一种知识分子的生存境况。对于王瑶的人生与学术际遇的深入审视,或许使赵园的学术选择,更多了一种清醒。1989年,王瑶去世。此后不久,赵园便由现代文学研究,转入明清之际的士大夫研究,这与王瑶的学术路径恰恰相反。在更深处,这应也是一种特别的纪念。

在赵园的随笔散文中,似乎常常有意寻找人性或者时代的痛点来着笔,但恰恰是这种有意为之,使她笔下的文字显得更为个性和尖锐。如在《闲话北大》中,她特意写自己到北大求学后,一度感到的"格格不入",这种与北大气象不协调的,则是自己"十足乡下人"的记忆。由此,她反思那种看似特别的"仪态"背后,"也许竟是一无所有的",这种论述,对于母校来说,则是显得有些刺耳了。不仅如此,她继而谈及所谓的"大"气象,就显得有些违和了:"其积极效果,是有可能使你逃脱委琐。纵然落到了极为不堪的境地,骨子里的那点傲气,也够你撑持一阵子尊严,所谓'倒驴不倒架'。消极处却也在此:你或许要为你的不肯趋附付一点代价。这令人约略想到贵族的命运,虽然明知有点拟于不伦。我的确发现我的校友在北大北京之外,比起别个更难于生存。当然这或许只是由于我观察的粗疏。其实道理很简单,这个民族留给狂狷者的生存余地从来狭窄。至于校园文化,与社会向有疏离,纯粹的校园动物,很可能永远地失去对社会的适应能力。"

诸如此类随笔文章,尚有《关于"老年"的笔记之一》《关于"老年"的笔记之二》《关于"老年"的笔记之三》,也是不避对于人性的痛点来着意描述的。《养鸟者语》又是一篇颇堪玩味之作。虽然是写养鸟闲事,却令人想到了人之生存境遇,文末附录一段幼鸟死亡的补记,则更有一种冷酷。再有《读人》系列文章,则是以读书随笔的形式呈现的精彩之作。

由这些篇章,可以看出赵园内心之敏锐、细腻,并非孤僻与尖刻,而恰恰是一种不予回避的勇敢和倔强。这种写作之难得,乃是不投所好,更有一种与流于俗滑的思维模式的坚决对抗。故而,虽然赵园并不看重她的这些随笔短章,但和她的专著一样值得我们郑重对待。偶尔亦有温暖之作,是她对友情与亲情的描述,诸如《从前,有个老头和他的老太婆》《中岛先生》两篇,均是深沉而婉转的。尤其前者,乃是借普希金的一则寓言故事,对自我的一种尖锐的审视,对丈夫的包容甚至是纵容的谢意,并以此文作为自己给丈夫六十岁生日的"礼物"。这种表达,寄寓深情,亦别有风致。

2020 年 3 月 27 日

作为文章家的学人

陈平原是当代学界较少具有很强文体意识的学者之一。在1999年写成的短文《作为"文章"的"著述"》中,他曾提出一个特别有趣的命题,即"学术著作能不能入文学史",并由此进而写到了他的个人观点:"不主张'以文代学',却非常欣赏'学中有文'。""仔细说来,不喜欢以夸夸其谈的文学笔调瞒天过海,铺排需要严格推论的学术课题;但同样讨厌或干巴枯瘦、或枝蔓横生、或生造词语、或故作深沉的论学文字。"在随后一年写就的文章《关于"小引"》中,他又提及自己理想的学术著作,有章太炎的《国故论衡》、梁启超的《清代学术概论》和鲁迅的《中国小说史略》,原因在于这些著作可以作为"文章"来品味,且"在现代中国,并不多见"。作为北京大学中文系教授的陈平原,问学于颇具"魏晋风度"的名家王瑶,著述颇丰,涉猎较广,读者甚众,是当代文史学界的明星人物。想来这一方面源于其著述之水准,另一方面,也不能不归功于他善于作文的才情。将学者陈平原放在文章家的角度来看待,也是必要的。

与上述论点颇有契合的,还有他在2008年所作文章《"三联人文书系"总序》中的一个观点:"钱穆曾提醒学生余英时:'鄙意论学文字极宜着意修饰。'我相信,此乃老一辈学者的共同追求。不仅思虑'说什么',还在斟酌'怎么说',故其著书立说,'学问'之外,还有'文章'。当然,这里所说的'文章',并非满纸'落霞秋水',而是追求布局合理、笔墨简洁、论证严密;行有余力,方才不动声色地来点'高难度动作表演'。"这番言语,等于对于他的"学中有文"观点的补充,至此,也可以是说得清清楚楚了。就此,他还意犹未尽,又提出一个观点:"与当今中国学界极力推崇'专著'不同,我欣赏精彩的单篇论文;就连自家买书,也都更看好篇幅不大的专题文集,而不是叠床架屋的高头讲章。"继而他写及自己倾慕的学术状态:"或许,对于一个成熟的学者来说,三五篇代表性论文,却能体现其学术上的志趣与风貌;而对于读者来说,经由十万字左右的文章,进入某一专业课题,看高手如何'翻云覆雨',也是一种乐趣。"

由此,似不难看出作为学人的陈平原的特别追求。在他的诸多学术著作中,严格来说,如一册体系严密的学术论著的,似乎只有一册早年写就的博士论文《中国小说叙事模式的转变》。其他著作,则多为论文缀合而成,且每一独立的章节,随意展开来读,都是一篇上佳的文章。在诸多类似学术著作之中,最能体现"学中有文"的论著,一为《千古文人侠客梦》,另一则为《触摸历史与进入五四》。特别有趣的是,论著《触摸历史与进入五四》,最初在台湾出版时仅由三篇论文组成,随后在内地出版时增加到了六篇,从"一场游行,一个杂志,一本诗集"的讨论,继而增加了对于"一个校长,一本著作"和一些写在五四"边上"的新史料的言说,均系论文集合,且视角是颇为巧妙的。其中第一篇论文《五月四日那一天——关于"五四"运动的另类叙述》,则是由四篇各自独立的文章组合而成,写得最长且生动的部分,乃是第二节《五月四日那一天》,用翔实的史料钩沉、分析和推断,尽可能还原感性的历史现场。

最能够代表陈平原理想文章水准的,应是他的长篇论文《经典是怎样形成的——周氏兄弟等为胡适删诗考》。此篇论文,作者用了将近四个月来完成,可以说下了很大的功夫,也写得最为精彩,可谓"高难度动作表演"。从学术上来看,这篇论文有独特的史料发现,其在北京大学图书馆发现了一册胡适遗藏新诗集《尝试集》的删订稿,可谓寻觅了有价值的新材料;从论点上来看,此文试图通过胡适对于其《尝试集》的删订这个事件,来讨论一部新诗如何成为"经典"之作,更进一步议论了胡适并不满足于"开风气"这一学界定论。从文章的写作来看,这篇文章也如老吏断案,通过对胡适的老朋友、学生、"二周"同仁等"删诗"以及其本人"调整"的还原,一步步地严密推断和分析,最终形成了十分精彩的结论,亦为"经典地位的确立"揭开了谜底。在陈平原的长篇论文中,这是一篇层层推断、步步为营、逐渐抵达深处的佳作,显示了论者对于史料的娴熟,对于历史人物的准确把握,以及对于一个小小文学事件的"微言大义"的阐发。

《千古文人侠客梦》是陈平原又一册"学中有文"的代表论著。在他先后于1997年和2015年出版的两册学术自选集中,分别选录了此书的第六章"快意恩仇"和第七章"江湖与侠客"。其中最为精彩的,应推举第六章"快意恩仇",可谓"布局合理、笔墨简洁、论证严密",且更为难得的是,在这篇论文之中,陈氏始终以一种现代的视角来看待和审视武侠小说。将中国武侠小说中的叙事冲突归结为"快意恩仇",乃是他的一个精彩概括。但论者并没有停留于此,在文章结尾处,又有了这样一段看似"闲笔"的文字,却着实令人刮目相看:"或许,没必要对武侠小说作过于道德化的审视,在作家在读者都不无游戏娱乐的味道,故当不得真。可'快意恩仇'作为武侠小说中至关重要的行侠主题,其蕴藏的文化内涵,却不容忽视;尤其是'快意'二字,无意中显露出民族心理的某种缺陷——每每忆及那并非'空前'也未必'绝后'的'十年浩劫',忆及那形形色色的'革命打手',忆及那毒打乃至虐杀同类的'批斗会场',我不能不益发相信这一点。"

对于上述的陈氏这种"闲来"的一笔,他也有过特别的论述,可视为作文的另一种特别追求。在文集《当年游侠人》的序言中,有这样的一段议论:"记得有一回,在课堂上借题发挥,谈论起大学者的著述,除了纸面上的严谨与理智,纸背的温润与深情,同样值得关切。""作为读者,喜欢追究作者压在纸背的思考,看好'生命体验与学术研究'的结盟,如此趣味,必然对'有学问的文人',以及'有文人气的学者'情有独钟。"在给《现代中国》学刊第一辑所写的"编后"中,也有这样一段论述:"对于训练有素的学者来说,说出来的,属于公众;压在纸背的,更具个人色彩。后者'不着一字',可决定整篇文章的境界,故称其'尽得风流',一点也不为过。""在选题立意、洞察幽微中,自然而然地调动自家的生活经验,乃至情感与想象,如此'沉潜把玩',方有可能出'大文章'。"在1996年写就的文章《关于"学术文化随笔"》中,亦有类似论述:"以学识为根基,以阅历、心境为两翼,再配上适宜的文笔,迹浅而意深,言近而旨远,自有一种独特的魅力。"

陈平原的学术论著中,集合他的这种独特韵味的文章者,以两册专题文集《当年游侠人》和《学者的人间情怀》最有代表性。这两册集子中的文章,写得从容漂亮不说,且多有一种特别的关怀。前者中所收文章,系其关于现代中国文人和学者的一组精神素描,其中以《最后一个"王者师"》《"当年游侠人"》《作为著述家的许寿裳》等篇目,最可体味。而后者中的同题文章《学者的人间情怀》则系其学术随感中的上佳之作,也是最为人称道的代表之作。此文作于1991年4月,其时作者年仅37岁,本应怒发而高呼,但却显示出一种世事洞明的特别老道。文章开篇,引用鲁迅在回忆"五四"退潮后关于其苦闷心境的一段言说:"后来《新青年》的团体散掉了,有的高升,有的退隐,有的前进,我又经验了一回同一战阵中的伙伴还是会这么变化……"论者谈旧而言今,为陷入迷茫的学界同仁试图开出自己的一剂良方,乃是专业学人亦应具备的人间情怀,"读书人应学会在社会生活中作为普通人凭良知和道德'表态',而不是过分追求'发言'的姿态和效果"。

诸如这样"压在纸背上的心情"的学术文章,可以和《学者的人间情怀》一样气象的,也是不多矣。正如陈平原自己所说,好的文章,很可能需要阅历、心境,而不仅仅是材料和技巧。收录在论著《老北大的故事》中的文章《北大校庆：为何改期？》，也是一篇立意、选题均甚佳，也融会了作者的生活经验和感情想象的好文章。此文作于北京大学百年校庆前夕，论者没有人云亦云地附和，而是就北大校庆纪念日改期这个少为人关注的话题，进行了一番探幽析微式的追寻，乃系其理性和冷静的"考据"，这在当时的历史情境中，是分外难得的。另一篇文章《燕山柳色太凄迷》，系其为日本学者木山英雄的学术论著《北京苦住庵记——日中战争时代的周作人》所写的一篇学术书评，此文并没有挥舞道德的大棒，而是能够回到历史的情景之中，客观理性地分析问题，从而做出自己的判断。并由此谈及他做研究和写文章的一点心得："有时候，论者之所以小心翼翼，左顾右盼，文章之所以欲言又止、曲折回环，不是缺乏定见，而是希望尽可能贴切对象。"

当代文史学者中，勤于作文，善于发言，且能够保持较高水准者，实际上是并不多见的。陈平原堪作其中代表。在学术论著和散文之外，陈氏倡导"第三种笔墨"，即学术小品，"倾向于论学或说理，而不是叙事和抒情"，这是他试图接续民国时期的《语丝》文体和呼应当代《读书》文风的一种自觉。这种文体，既有学术为背景，也有情怀为支撑，追求一种雅致而理性的论说风格，但还有一种娓娓道来的谈话风,可概括为一种如面谈学问的特别情致。在此之中,除了他的一些学术杂感文字之外,还应留意他的游记、怀人和序跋文章,也是写得别有情韵。游记《阅读日本》和《大英博物馆日记》两册,虽然均系"走马观花"的记录,却也是作为学人别具只眼的特别观察。《阅读日本》中的《"厕所文化"》一篇,最可称道,由一种日本社会现象,写出了一种文化的复杂,这其中有称道,也有深刻的洞察,并非泛泛之作。尽管陈氏在他2011年出版的自选集《压在纸背的心情》中,选了此集中的另一篇《西乡铜像》,也是佳作,但没有前者的幽微和妙趣。

在怀人的随笔之中,《书札中的性情与学问》和《在学术与思想之间》两篇,均是值得一读的。《书札中的性情和学问》记北大中文系的前辈学人季镇淮,以季的一封长信切入,逐一道来,或补充,或追忆,或点评,在细节之中勾勒出一个老辈学人的性情和学问,令人耳目一新。此集中有一篇追记其恩师的文章《念王瑶》,相比此篇,则显得用力过猛,从文章本身来看,反不及前者的从容和蕴藉。《在学术与思想之间》则是记上海学者王元化先生,此文也是别出心裁,从王先生的著作《九十年代日记》中关于两人交往的细节谈起,逐一进行补充、回忆和论述,也是颇多回味之处。这两篇文章之所以好看,因其都是以写论文的方式怀人忆旧,在学识的背后,融会了当时的心境、阅历和见识,非寻常人可作也。序跋文章是陈氏可随手拈来的文字,但写得最令人欣喜和击节的,是其早些年为妻子夏晓虹的论著五种所写的《小引》,这是活泼、有趣、机智的小品,也可见这一对当代学苑眷侣的深深情缘,故亦非寻常之笔可作也。

2020 年 3 月 13 日

"若饮醇醪"

王稼句有"王苏州"的雅称,这是名副其实的事情。因为在不少文人的心中,谈起苏州这个古城,多是会想起王稼句的。作家范小青是王稼句大学时的同窗,曾写过一篇妙趣横生的小文章《"苏州王稼句"》,其中有一段关于他的逸事:"有一回稼句的一个外地同学,给稼句写信,开信封的时候,记不得地址,就先写上'苏州'和'王稼句',准备查到地址后再填上去,结果给忘记了,就把苏州王稼句丢进了信箱,最后远在苏州的王稼句还真的收到了这封信。"范小青由此谈到,王稼句不但是个文人,还是一个苏州的名人,"信件多,稿费单多,所以邮局记住了他的名字,知道他住在哪里,没有地址也能送过来"。此后,同学们就送了他一个"苏州王稼句"的雅称。范小青笔头一转,写到之所以会有"苏州王稼句"这个现象,"不仅因为他认得很多人,更因为他对苏州的热爱、认识和描写"。"稼句这些年出的书,绝大部分和苏州有关,苏州已经被他研究得如同自己家中挂在墙上的一幅画,每天看每天想,早就爱之如骨、熟之于灵魂了。"

谈论王稼句,他谋职的身份则是位编辑,曾在《苏州杂志》和古吴轩出版社工作,为人作嫁之余,又点校、整理和编选了数千万字的书籍。这些书籍多与苏州有关,诸如《苏州文献丛钞初编》《苏州园林历代文钞》《苏州山水名胜历代文钞》《吴中文存》等多种;他的另一个身份,则是关注苏州文史的学者,出版专著《苏州山水》《苏州旧梦》《苏州历史名人》《苏州旧闻》《三生花草梦苏州》《姑苏食话》等数十余种,可谓洋洋大观。"王苏州"之雅称,名不虚传矣。但在文坛上,王稼句还是位十分特别的文章家,亦为不少读者所称道。王稼句登上文坛,乃是以文章闻名,至今出版各类文集近二十种。若论王稼句的文章写作,大致可分三个时期,早期以《笔桨集》《枕书集》《补读集》《砚尘集》《谈书小笺》《煎药小品》和《秋水夜读》为代表;随后的《看书琐记》和《看书琐记二集》是其厚积薄发的中年转折之作;此后他又陆续出版"小集"系列,目前已有《看云小集》《听橹小集》《采桑小集》《怀土小集》和《剪烛小集》五种。

王稼句早年文章,学唐弢书话,刊于《读书》《书林漫录》这样的名刊,介绍与其趣味相投的书籍,文章老练,但内容较为浅显,至《秋水夜读》一书,才略有改变。《追记周越然》

《徐志摩的年谱》《毛边书琐谈》等篇,读来甚佳,这些文章有作家的个人印迹,真正有了"一点事实、一点掌故、一点观点和一点抒情的气息",文章也写得行云流水,笔含情愫;另有《蟋蟀谱》《叶子》《苏州书坊旧观》等少数篇章,显出知堂"夜读抄"的痕迹,虽拣抄旧藉,但能娓娓道来,其中以《蟋蟀谱》一篇为最佳,颇有一种欲说还休的闲趣,散淡之中见出功力。自编集之外,王稼句亦有选集《栎下居书话》,选编早期包括从《枕书集》到《谈书小笺》的大多书话文章;《夜航船上》一书,选录早年《秋水夜读》之部分文章;还有《四时读书乐》,多选录近年来所作文章;《坊间艺影》一书,选录其谈论民间艺术的文章;《王稼句序跋》,选录其早年所作所编书籍的序跋文字。故而,若论王稼句的文章写作,其中最应关注的集子,应系其两册"琐记"和五本"小集"。

王稼句的两册"琐记",乃是令人惊艳的,其表现出来的功力、风味,大大超越之前出版的所有集子。这与其多年孜孜不倦地读书有关,也应系其此前沉浸于旧藉整理、编校所带来的意外收获。虽还是两册"书话"文集,但王稼句已由唐弢式书话,转变为"夜读抄"式的书话体。此一时期的书话,虽多由一本书引起,但只是一个写作的话题罢了。文字大多由此引申出来,谈论自己所读所想的东西,从而形成一篇知识性和趣味性皆佳的文章。《看书琐记》中《绣像与小说》一文,由陈平原的著作《看图说书》而起,但又广征博引,对于此书所谈内容既有评论,又有补充,文章的纵深感和韵味皆出;而在《看书琐记二集》中,王稼句的文章《我的书房》《读书消夏录》《雨声里的书房》《书摊寻梦》几篇,风味可追知堂的《雨天的书》,堪称美文。另有《关于鸳鸯蝴蝶派》《〈浮生六记〉人物小考》《〈浮生六记〉伪作两记》等,均显出较深功力。

对于王稼句的两册"琐记",《金性尧的最后想法》是颇值得注意的。文中引用上海文化老人金性尧一段话,有"深得我心"的评价。金性尧在其晚年文章《散文的境界》中,认为文章要有书卷气,并谈论道:"对于书卷气的含义,本来用不着解释,也很难说得具体,我的意思是说,散文作家还得和旧学结点缘,使人感到空灵中自有一种酽然之味,而不流于空疏;'与公瑾交,若饮醇醪',这也是我所向往的一种文境。只是不要生吞活剥,没头没脑地抄上几句。"金性尧还举例周氏兄弟、胡适、郁达夫、林语堂、朱自清、俞平伯等"五四"前辈的作品,更为其散文"书卷气"一说来增加底气。文章之道的惺惺相惜之外,王稼句与前辈金性尧,均供职于古籍出版社,出道早,有才气,好读书,能自学,爱写作,喜好风土,也均敬慕知堂文章,颇有些可以相提并论之处。以文章来论,他们都是文章作手,文章的知识性和趣味性皆好,颇有一些书卷气的。但相比前辈来说,周作人虽好写"读抄"体文章,但多还是隐含着一种特别的启蒙情结,这是后来者难以追慕的地方。

"琐记"之后,王稼句陆续出版"小集"系列,均按周氏兄弟的文集编法,以时间为序,汇编成册,文章不再如早年写专栏书话的整齐,但读来亦有一种参差之美。此后的王稼句,不再特别倾注于"书话"写作,而是更多关注于江南风物、文化名流、旧居古迹,更具有一种书斋闲话的风味。这其中,收录于《看云小集》的《春凳小考》堪称妙文,虽是写一种少被人关注的家具,却能在文史著作中游刃有余地抄引资料,且对于这种特殊话题,又写出了一种修养和品位,实在难得;收录于《听橹小集》中的《柳如是小影》和《红豆庄的前世今生》,谈论柳如是,均能够发人所未发,或谈画像,或谈旧居风景,从历史流转中显出人物风神和世事沧桑,乃是大家之作。《怀土小集》中的一篇《碧螺春汛》,谈江南名茶碧螺春,从文人旧藉钩沉中一路谈来,虽无法如知堂谈论饮茶的《苦茶》的那种心曲,但就文章而论,也是令人赏心悦目的;再有收录于《剪烛小集》中的一篇《遥远的市声》,则是谈论苏州街市上的叫卖声,令人想起知堂的文章《一岁货声》。

所谓文章作手,难在应酬文字,王稼句却亦能写出一种风流。王稼句的序跋文章,颇得知堂神韵,虽无话可说,亦能由此找出一些话题来,且写得款款有情,令求序者满意,读者亦感到一种特别的享受。故而,王稼句的序跋文章,颇有一种读其序跋,所谈书籍即可抛却一边的感受了。诸如一篇《〈弱水书话〉序》,就写得颇有味道,文章先从求序者的所在地甘肃张掖谈起,继而由作者搜购书籍,想到自己的交友和购书记忆,再谈到他们共同喜好的知堂文章,由此婉转写出自己读写的两个心得。其一是知堂晚年文章虽然篇幅很短,不分段落,却是一气呵成,且"炉火纯青",而如今一些写作者洋洋洒洒,动辄数千言,"难免有点淡水气";其二则是知堂文章虽杂,但其某门杂学,"比起现在自诩为专家的要精深很多,知识系统,思想深邃,作法上又别具一格","故而将杂学用之于文章,自自然然,游刃有余,不想如今一些所谓杂文之家,弄不好就露出破绽来"。这番写作读书的体会,既是对于友人的忠告,亦可看作一种夫子自道也。

《听橹小集》中有篇《文夫先生二三事》,亦是一篇颇有韵味的好文章。此文所写苏州小说家陆文夫先生,曾以小说《美食家》闻名于世。而这位陆文夫,也曾是王稼句的伯乐,对其有知遇之恩。故而这篇小文章,虽然写得散淡,无非吸烟、编稿、办杂志、用电脑以及出书这样的琐事,却展现了一个眼光深远、行事不羁、修养深厚的文人形象,其中饱含了一种特别的深情在其中。文章结尾一段,忽然笔锋一转,写道:"文夫先生去世了,十三日上午,冒着细雨,给他送别。晚间有外地朋友来,一起吃酒,席间很沉寂,我醉了,竟呓语连连,说,'苏州没有人啦','苏州没有人啦'。"陆文夫先生与他的小说《美食家》,以及由他创办的《苏州杂志》,就像苏州的文化名片一样,令人称道,并因此有了一个"陆苏州"的美誉。在王稼句的心中,陆文夫就是苏州的文化代表,与苏州的风物、苏州的山水、苏州的美食一样,不可失去。如今,陆文夫先生去世已经十多年了,他若地下有知,对于这个苏州后生,该应是"大加赞赏"的吧。

2020 年 2 月 28 日

止庵文集识小

止庵在随笔集《茶店说书》的"后记"中写道:"这是我的第九本随笔集——若把《画廊故事》和《苦雨斋识小》也算上,则是第十一本了。这些文章往往被看作'书评',我也被称为'书评人'或'书评家'。"又道:"我只是写些因读书而生的想法,或涉事实,或涉思想,或涉生活,肤浅支离自是难免,但若没有一点儿自己的意思,我也是不动笔的。"止庵文中提到的九本随笔集,查阅一番,大致如下:《樗下随笔》《如面谈》《六丑笔记》《沽酌集》《向隅编》《罔两编》《相忘书》《云集》《茶店说书》,加上《画廊故事》《苦雨斋识小》两种,便是十一种。止庵提及的这十一种,还不包括自选集四种:《俯仰集》《怀沙集》《拾稗者》《止庵序跋》,另有回顾个人阅读史的专著《插花地册子》,虽颇有些随笔意味,但也不计入其中;《茶店说书》之后,止庵还出版有随笔集《比竹小品》《旦暮贴》《风月好谈》三种,另有选集三种,分别为列入复旦大学"三十年集"的选集《河东辑》,辑录怀人文字的《雨脚集》,以及辑录序跋文字的《心自闲室文录》。另外,止庵的书信集《远书》、游记《游日记》,也可当作别样的随笔集子来看。

如此看来,作为狭义上的随笔文集,止庵目前共出版十二种。这十二种随笔集,多是他"因读书而生的想法",都有"一点儿自己的意思"。对于这些随笔集子,很值得称道的,其一是这些文集中收录的文章,从第一册《樗下随笔》起,均保持很高的水准,前后文章差距并不明显,可见其起手甚高;其二是止庵似乎没有一些其他随笔作者将新旧文章混编的习惯,除了选集外,他的文集中的文章,均是初次收录,这一方面说明其有很强的文集编选的自觉意识,另一方面也说明其创作状态一度是十分旺盛的,不必在新瓶子中装上一半的旧酒来充数。也正因此,除了《俯仰集》《拾稗者》《怀沙集》这类选集之外,止庵早些年出版的随笔集,近年来已逐一修订再版,有些文集甚至已经三版,这是值得注意的。收录在止庵的这些文集之中的文章,以谈论鲁迅、周作人、张爱玲、废名等现代作家的文章所占比例最大,《比竹小品》《旦暮贴》《云集》等文集中,此类文章十分突出。之所以如此,应与其对于这几位作家的偏好有关,屡屡读之,又屡有"想法"罢了。而止庵编选以上诸位现代作家的文集,也得以细读文字且渐入佳境。

止庵的文章受到周作人的影响最大,这是显而易见的事情。但周氏对于止庵文章的影响,主要不在谈论方式和内容方面,而是在文章的审美上,也即其追求周氏的"冲淡平和,丰腴蕴藉,疏散从容,朴讷苦涩"。另外,在师承方面,还有废名一家,主要学其文章"字字琢磨,一丝不苟","有心不使文字过于顺畅,多些曲折跳跃,因此别有一份空灵,一种涩味"。止庵校订《周作人自编集》,对其后来写作乃至编写集子,都是影响甚巨的。周作人一生所出集子,均极少重复编选旧文章,而是每出一册,皆将新近文章编就而成。在止庵的文集编选中,无论编选方法,还是文集取名,都多有效仿。甚至在装帧和封面设计上,也有追慕的印痕。其出版的《苦雨斋识小》,封面设计与周作人的文集《艺术与生活》几乎一致,令人莞尔;而他的文集《沽酌集》在岳麓出版社的版本,封面用手迹作为底图,实在令人想起周氏在香港所出的《知堂乙酉文编》;而文集《旦暮贴》,封面用日本作家武者小路实笃的画作《甘百目实大图》。周作人 1945 年 2 月在新民印书馆再版的《药堂杂文》,封面也采用武者小路实笃的画作,想来不能仅以巧合为辞。

在《插花地册子》中,止庵说他受到"五四"时期三大师的影响,其中鲁迅是"关于历史、社会和人的悲剧意识",周作人是"人道主义和宽容理论",而胡适则是"在方法论上",

"主要来自阅读他关于古典小说的一系列考证文章"。此处只就文章的做法来论,不谈思想上的影响,止庵的文章在审美上受周作人的影响最大,而写作文章的方法上则受胡适的影响最大。故而在止庵的诸多文章中,考证性的随笔文字最为突出,这些文章都是按照胡适的"有一分证据只可说一分话"来写的,也都是"结实"文章了。以他最为熟稔的鲁迅、周作人、张爱玲和废名来说,收录在《云集》中的《知堂佚著考》、收录在《沽酌集》中的《女作家盛九莉本事》以及收录在《旦暮贴》中的《关于周氏兄弟失和》等文章,可谓止庵此类文章的代表作,体现了其对以上作家资料的熟悉、敏感和细腻,都是十分"结实"的好文章。对于考证类文字,止庵在坚持胡适的"有一分证据只可说一分话"的基础上,能够不随意下结论,不做无法坐实的推测,哪怕留待以后,也不轻易下结论,而是把话只说到自己能够确认的程度,这是很不容易的事情。

值得注意的是,止庵早年曾写过两篇关于理想的散文家的文章,一为《散文家浦江清》,另一则为谈论学问家孙锴第的《沧州前后集》。对于前者,他写道:"我自己一向谈论作文爱用'结实'这词,我最喜欢美文就在于它的结实,有内容,有分量,又兼具文章之美。所以从这样的想头出发,浦江清乃是我心目中最好的散文家之一,虽然现成的文学史或散文史上并不曾提到他;如果叫我来精选一本二十世纪中国散文选,《浦江清文录》以及《浦江清文史杂文集》中也当有篇章编入。"在《沧州前后集》中,又写道:"总之搞学术,写论文不板起一副面孔,也不端那个往往叫人生畏的架子。我们谈论文章常说'性灵',似乎这只是属于随笔的,其实有这个态度,写什么都有一份作者的真实性灵在,孙氏的论文正是一种性灵文字。而有学术做底子,又避免了一般闲适随笔的毛病,有大品的分量,小品的味道。"对于浦江清和孙楷第,他亦有十分生动和形象的比较:"从前谈过浦江清,他是松江人,拿他的滋润笔调和孙楷第的一比较,真觉得孙文如风,是北方的爽快的风;而浦文则有点像南方的绵绵细雨了。"

读止庵文章,一般多关注周作人对其影响,这不过是因为止庵编选周氏的书最为显著,而周氏在现代以来的散文史上的地位最高,受到读者的关注也最多。若真正从文章写法上来说,止庵的文章则更像浦江清。其实要做到这一点,是非常难的事情。即使周作人这样读书极为广博的作者,在写文章时广征博引,但未必会强调论证的严密和科学,而笔下文章乃是闲闲写来,甚至有些"六经注我"的意味了。浦江清和孙楷第这样的文章,其实才是止庵最为理想的境界。由此,止庵即使在写一些很小的考证文章时,都是很讲究文章作法的。最典型的,莫过于收录于《旦暮贴》中的《周作人集外文三篇》，所谈其一系周作人为孙伏园译托尔斯泰文章所写附记，又一系周氏为穆敬熙译英国王尔德小说所写附记，另一则为周氏在《语丝》杂志上刊载《在女子学院被囚记》所写的"附件十九"和"编者附识"。对于这些文字，一般的文章作法，不过是原文引用，略加说明即可。但止庵并不，而是将这些周氏的集外文完全纳入自己的文章之中，讲求起承转合，使得自己的这篇本来只是简单介绍的文字，成为一篇浑然一体的"读抄"体文章。

止庵写得有浦江清意味或孙锴第意味的文章，其实也是颇有一些代表之作的，且这些也是用力甚深，并具文章之美的。这些文章主要以他的一系列"关于×××"为代表，诸如收录于《樗下随笔》中的《关于孔子》《关于废名》《关于写信》《关于卧轨》《关于应试诗》，收录于《如面谈》中的《关于刘半农》《关于贾岛》《关于散文诗》，收录于《六丑笔记》中的《关于钱玄同》，收录于《沽酌集》中的《关于"周氏兄弟"》《关于徐志摩》和《关于自己》，收录于《云集》中的《关于郑振铎》，收录于《旦暮贴》中的《关于太宰治》，收录于《比竹小品》中的《关于苦雨斋》，以及收录于《茶店说书》中的《关于〈废名集〉》《再关于废名》《关于读〈老子〉》，等等。看来止庵是甚为喜欢以"关于×××"来为自己的文章取名的，这样或许有求其简洁，乃至一时没有想到更好的名称，也图个省事的缘故。但这些文章之所以敢以这样看似庸常的文章名来应付,其实还是一种特别的自信,这种自信一方面是文章有独到的见识,另一方面则是有文章之美。实际上来看,这样的文章大多应是论说体的大话题,但他能举重若轻,以高度凝练的功力简笔写成。

止庵有几册随笔集比较特别,诸如《苦雨斋识小》《画廊故事》和《罔两编》,其中《画廊故事》后又修订为《画见》。之所以说此三册比较特别,主要是话题比较集中,《苦雨斋识小》系谈周作人自编集和校订周作人自编集所写前言文字的结集;《画廊故事》是谈西方绘画的,而《罔两编》则是集中谈外国文学的。在这三本书中,止庵采用了极为简洁的笔法,文字瘦净,将多余的和大众熟知的东西几乎全部挤掉,几乎都不提及。他在《风月好谈》序言中这样写道:"我刚开始写作时就想:世上已有那么多文章,为什么还要再写呢,一篇写完或多或少总要道出他人之所未道,或大或小总得消除某个疑问罢。到了互联网时代又增添了新的想法:网上可以轻易查到的东西,为什么还白费力气写成文章呢,有了Google或百度,我们应该写得更少才是。"谈论经典的画作或外国文学作品,各种资料如山似海,故而止庵的这一类文章多为鉴赏性质,直接对于文本或画作本身进行鉴赏,背后体现的是知识的底蕴、艺术的感悟。他的这一类文章的写作,可以说是读书过程的记录,是一个特别的读者的内心体验。故而止庵此类文章的接受对象,也并非泛泛大众,乃是同样读过此书的读者,否则对其是难有会心的。

止庵深得知堂法脉的文章,于读书随笔来说,主要集中于他早期的文集《樗下随笔》和《如面谈》之中,后来则陷入考据和学问之中,反倒不够从容和丰腴。他的第一册自选集《俯仰集》收录早年两书的部分代表文章,反倒有一种闲闲之味,从容之中有一种散淡和苦涩。止庵早年有一篇随笔《女子故事》,属于抄书类文字,一路写来,却深藏批评的锋芒,也有对女性的关怀,颇有些知堂风味。这篇文章,写得从容,又有态度,且很有章法,但后来却不再多见。倒是止庵怀人记事的一类文章,写得克制而从容,深得知堂怀人风味,也无做学问的束缚,读来亲切。此类文章也散见于其早年文集《樗下随笔》《如面谈》和后来的一册《向隅编》之中,后又都结集于自选集《雨脚集》。在《雨脚集》中,写得最深情而又蕴藉的一组文章,系为其父亲沙鸥所作,有《我的父亲》《最后的日子》《〈沙鸥诗选〉编后集》《〈樗下随笔〉书后》和《无题》,另有《我的哥哥》亦是如此;还有一组谈师友的文章,《记若影师》《关于沙蕾》《感逝篇》《寄河南》,都是令人称赏的篇章;再有一组谈看画买书的记事文章,如《买画册记》《买书旧事》《日本旅行琐谈》《却说买碟之类》,都是疏散又有闲趣的文章。

止庵是具有一定文体意识的作家。除了这些单纯的随笔文章之外,其实他的一些论著、专著,也都可以拆开了作为随笔文章来看,甚至随手翻到他的这些著作的任意一个章节,都可以读的趣味盎然,这便是他追求文章之美的一种效果,也是他写作方式所带来结果。诸如他的学术专著《周作人传》《神拳考》《樗下读庄》以及回忆人物的传记《惜别》,均是如此。更为特别的是他的阅读史专著《插花地册子》,每个章节读来都是极好的文学评论文章,即使是列书单,也呈现一种特别的美,而之中的一篇《师友之间》,乃是令人为之击节的。止庵对于文章的经营,从编选书信集《远书》中最可体会,这些书信删汰了应酬性的交际文字,只采录有"结实"内容的文章,大多数书信添加上标题,便是一篇好文章。诸如写给林谷的一篇谈论其《钓台随笔》的书信,实际上就是一篇很好的读书随笔,而后来他又确将这篇书信刊于报端。止庵还曾为他极为欣赏的谷林编选过一册《书简三叠》,收录谷林致扬之水、止庵和沈胜衣的书信文章,然则收录其中的又不是全部书信,乃是有所挑拣,其目的便是以书信的形式来呈现一种文章之美。

2020 年 5 月 24 日

后记

小时候,最喜欢下雨天。一下雨,父母就不用去田里干农活,我也可以心安理得地在家里看看闲书,虽然课外书真是少得可怜。现在想来,喜欢雨天,其实是喜欢那种忙里偷闲的快乐。记得如果下雨了,我总是喜欢半躺在床上,听窗外的雨声,看一些杂书和报刊,感觉整个世界都很安静。那时候书少,凡是能见到的书刊,读得都是津津有味。遗憾的是,我的故乡是一个少雨的地方,我能得享这样的安闲,其实并不容易。后来去外地读书,再到上班,理想中的读书生活并没有实现,但这也好,不必做个为谋生而读书的人,可以按照自己的兴趣和喜好来读写。偶尔有些闲暇时光,就像小时候期待的雨天一样,乃是更为珍惜,也更为快乐的。我的不少读书和写作计划,都在这样的情况下进行,故而有机会将这些谈买书、读书和品书的文字结集在一起,觉得"雨窗书话"这个书名,最为合适。之前有幸出过几册读书随笔,但这一册,我认为写得最有趣,也是最为期待的。

2021 年 1 月 23 日

图书在版编目(CIP)数据

雨窗书话 / 朱航满著. — 南京:南京大学出版社,
2021.10
ISBN 978-7-305-24765-1

Ⅰ. ①雨… Ⅱ. ①朱… Ⅲ. ①读书笔记—中国—现代
Ⅳ. ①G792

中国版本图书馆 CIP 数据核字(2021)第 146022 号

出版发行	南京大学出版社
社　　址	南京市汉口路 22 号　邮　编　210093
出 版 人	金鑫荣
书　　名	**雨窗书话**
著　　者	朱航满
责任编辑	陈　卓
书籍设计	周伟伟
印　　刷	南京爱德印刷有限公司
开　　本	787×1092　1/32　印张 8.375　字数 141 千
版　　次	2021 年 10 月第 1 版　2021 年 10 月第 1 次印刷
ISBN	978-7-305-24765-1
定　　价	52.00 元

电子邮箱	Press@NjupCo.com
网　　址	http://www.njupco.com
官方微博	http://weibo.com/njupco
官方微信	njupress
销售热线	025-83594756

版权所有,侵权必究
凡购买南大版图书,如有印装质量问题,请与所购图书销售部门联系调换